D1687359

CARL AUER
LebensLust

*Ich widme dieses Buch meiner Mutter,
Barbara Ogle Dolan Taylor,
in Liebe und Dankbarkeit für unsere langen Spaziergänge
im Regen in den Wäldern und für so vieles andere.*

Yvonne Dolan

Schritt für Schritt zur Freude zurück

Das Leben nach traumatischen Erlebnissen meistern

Aus dem Amerikanischen von Theo Kierdorf
und Hildegard Höhr

2009

Bibliografische Information Der Deutschen Nationalbibliothek
Die Deutsche Nationalbibliothek verzeichnet diese Publikation
in der Deutschen Nationalbibliografie; detaillierte bibliografische
Daten sind im Internet über http://dnb.ddb.de abrufbar.

Lektorat: Barbara Imgrund, Heidelberg
Satz: Verlagsservice Hegele, Heiligkreuzsteinach
Umschlaggestaltung: Goebel/Riemer
Printed in Germany
Druck und Bindung: Freiburger Graphische Betriebe, www.fgb.de

Erste Auflage, 2009
ISBN: 978-3-89670-706-2
© 2009 Carl-Auer-Systeme Verlag, Heidelberg
Alle Rechte vorbehalten

Die Originalausgabe erschien unter dem Titel: One small step. Moving Beyond
Trauma and Therapy to a Life of Joy. Universe Press, © 2000, Yvonne Dolan.

Informationen zu unserem gesamten Programm, unseren Autoren
und zum Verlag finden Sie unter: **www.carl-auer.de.**

Wenn Sie Interesse an unseren monatlichen Nachrichten
aus der Häusserstraße haben, können Sie unter
http://www.carl-auer.de/newsletter den Newsletter abonnieren.

Carl-Auer Verlag
Häusserstr. 14
69115 Heidelberg
Tel. 0 62 21-64 38 0
Fax 0 62 21-64 38 22
info@carl-auer.de

Inhalt

An meine Leser _____ 9

Einleitung: Mehr als nur überleben _____ 11
»Es wird Zeit für mich weiterzuleben!« _____ 11
Kleine Schritte in ein lebenswertes Leben _____ 12
Sie sind nicht nur ein »Überlebender« _____ 13
Die alten Stufen der Traumaverarbeitung und die neue ___ 16
Über die Arbeit mit diesem Buch _____ 20
Die Techniken _____ 22
Jetzt geht's los! _____ 23

Teil I:
Die Gaben der Gegenwart genießen 25

Lernen Sie Ihr wahres Selbst kennen _____ 26
Beschreiben Sie Ihr wahres Selbst _____ 28
Entwickeln Sie ein Symbol für Ihr wahres Selbst _____ 38
Durch Entspannung und Spiel Ihr wahres Selbst finden __ 45

Willkommen zu Hause! _____ 51
Die Geschenke des Alltags annehmen _____ 51
Umgeben Sie sich mit dem, was Sie mögen_____ 59
Räumen Sie mal um _____ 67
Wohlstand muss nicht teuer sein_____ 71

Am Arbeitsplatz mehr Freude erleben _____ 74
So beleben Sie Ihren Arbeitsplatz _____ 74
Das Arbeitsklima verbessern _____ 82

Wie Sie Ihr inneres Arbeitsklima verändern können _____ 84
In der Arbeit Sinn finden _____ 88

Teil II:
Eine freudige Zukunft schaffen   92

Hoffnungen und Träume _____ 93
Ihr Glück _____ 103

Sie können es! –
Hoffnungen und Träume Wirklichkeit werden lassen ___ 109
Die Wunderbrücke _____ 109
Die Wunderfrage _____ 111

Die Zeit nutzen _____ 122
Verändern Sie den Blick auf die Zeit und Ihr Leben _____ 123
Was man gegen Zeitmangel tun kann _____ 128
Folgen Sie Ihrer inneren Uhr _____ 132

Teil III:
Mit den Herausforderungen des Lebens
fertig werden   141

Partner, Eltern, Kinder und erweiterte Familie _____ 142
Die Paarbeziehung _____ 142
Ihre Ursprungsfamilie _____ 153
Ihre Kinder _____ 160
Wie sich in der Vergangenheit erlebter Schmerz auswirken
    kann _____ 161

**Was tun, wenn die Vergangenheit
ihr hässliches Haupt erhebt?** _____ **168**
Flashbacks _____ 169
Beziehungen, die noch nicht abgeschlossen sind _____ 175
Wie Sie von Ihrer Vergangenheit profitieren können _____ 183

**Über den Umgang mit Regentagen
und dunklen Nächten** _____ **187**
Sorgen Sie gut für sich _____ 188
Hören Sie auf sich selbst _____ 191
Lösen Sie sich von überholten Erwartungen _____ 199
Bereiten Sie sich auf künftige Regentage
    und dunkle Nächte vor _____ 203

**Teil IV:
Unterstützung und weitere Ressourcen**   **207**

**Gründen Sie eine
Kleine-Schritte-Unterstützungsgruppe** _____ **208**
Die Gruppenstruktur _____ 209
Allgemeine Empfehlungen _____ 210
Die Arbeit in einer
    Kleine-Schritte-Unterstützungsgruppe _____ 210
Wie man die Gruppenarbeit beendet _____ 212

Empfohlene Literatur _____ 215
Über die Autorin _____ 217

An meine Leser

Ohne jede Vorwarnung können in unserem Leben schreckliche Dinge geschehen, und wenn sie geschehen sind, bleibt uns nichts übrig, als so gut wie möglich damit weiterzuleben. Das habe ich schon sehr früh begriffen. Das erste Ereignis in meinem Leben, an das ich mich erinnern kann, ist der Gedenkgottesdienst beim Tode meines Vaters. Damals war ich noch ein sehr kleines Kind und erlebte in meiner eigenen Familie die verheerenden emotionalen Auswirkungen eines Krieges. Der Tod meines noch sehr jungen Vaters im Korea-Krieg brach meiner Mutter und meinen Großeltern das Herz.

Schon sehr früh trauerte ich, weil mein Vater aus der Welt geschieden war, bevor ich ihn auch nur richtig kennen gelernt hatte. Obwohl meine Mutter mich innig liebte und sich bemühte, mich zu beschützen, erlitt ich in meiner Kindheit wiederholt sexuellen Missbrauch und emotionale Misshandlungen. In solchen Situationen versuchte ich, mich zu trösten, indem ich mir vorstellte, dass mein Vater, würde er noch leben, mich vor den Tätern beschützt hätte.

Als Erwachsene versuchte ich, über diese und andere üble Erlebnisse hinwegzukommen und mich auf das Gute in der Welt zu konzentrieren, um die Kraft zu entwickeln, mein Leben lebenswert zu machen.

Zwischen den Zeilen finden Sie in diesem Buch Bezugnahmen auf mein eigenes Leben und auf die Lebensreisen meiner Klienten, auf Erlebnisse von Mitgliedern meiner Familie und von Freunden, die mich alle durch ihren Mut und ihre Entschlossenheit, nach ihren eigenen Vorstellungen zu leben, inspiriert haben.

Falls auch Sie schmerzhafte Erlebnisse bewältigen mussten – und auch, wenn Sie dies nicht getan haben –, wird *Schritt für Schritt zur Freude zurück* bei Ihnen psychische Kräfte und generell Fähigkeiten aktivieren, von deren Existenz Sie bisher viel-

leicht noch nichts geahnt haben, und Ihnen ermöglichen, Ihr Leben nach Ihren Wünschen zu gestalten. Und obwohl ich Sie nicht persönlich kenne, möchte ich Ihnen versichern: Ich glaube an Ihre Fähigkeit, Ihr Leben so zu gestalten, wie Sie es von Anfang an verdient haben. Ich selbst habe das geschafft, und auch Sie können es, glauben Sie mir – wenn Sie mit einem kleinen Schritt beginnen.

Ich wünsche Ihnen alle Segnungen, die das Leben zu bieten hat.

Yvonne Dolan

Einleitung: Mehr als nur überleben

*Wenn ich mein Leben noch einmal von vorn leben könnte,
würde ich im Frühling früher und im Herbst länger barfuß gehen.
Ich würde häufiger tanzen, öfter auf Karussells mitfahren
und mehr Gänseblümchen pflücken.*

Nadine Stair, 85 Jahre alt

»Es wird Zeit für mich weiterzuleben!«

Maggie ließ sich auf die Couch in meinem Behandlungsraum fallen. Auf der Suche nach Zigaretten nestelte sie in ihrer Jackentasche, obwohl sie das Rauchen schon vor einigen Monaten aufgegeben hatte. Ihre Augen waren vom Weinen gerötet, und ihre Stimme zitterte, als sie sagte: »Ich versuche schon mein ganzes Leben lang, über das, was mir zugestoßen ist, hinwegzukommen. Ich bemühe mich unablässig, mein Leben so zu gestalten, dass ich glücklich bin, aber es entwickelt sich nie so, wie ich es mir erhoffe. Ich habe alles getan, was Menschen, die als Kinder missbraucht worden sind und die auch später in ihrem Leben üble Dinge erlebt haben, empfohlen wird. Ich bin jetzt 32 Jahre alt und habe es satt zu warten. Wann werde ich mein Leben endlich genießen können?«

Maggies Erkenntnis, dass sie über das reine Überleben der üblen Dinge, die sie in der Vergangenheit erlebt hat, hinauskommen und anfangen muss, ein Leben zu führen, das sie als lebenswert empfindet, und ihre Frustration über das Scheitern ihrer Bemühungen entsprechen dem, was viele Menschen, die ich in den letzten 23 Jahren psychotherapeutisch betreut habe, mir schilderten.

Ich habe dieses Buch für Menschen wie Maggie geschrieben, die Traumata erlebt haben und die endlich von diesen Erlebnis-

sen loskommen und unbelastet leben wollen. Wenn Sie Schmerz überlebt haben – körperliche oder emotionale Misshandlung oder sexuellen Missbrauch, eine Scheidung oder schwerwiegende Beziehungsprobleme, finanzielle Schwierigkeiten, eine Krankheit oder einen Unfall, einen Verlust oder andere Traumata – und wenn Sie endlich wieder Freude erleben wollen, dann ist dies das richtige Buch für Sie. Es lädt Sie ein, sich die Zukunft zu schaffen, die Sie sich wünschen, was immer Sie in der Vergangenheit erlebt haben mögen und was immer man Ihnen angetan hat.

Maggie wird nicht nur ihr ureigenes Leben führen, sondern sie wird sich ein gutes Leben ermöglichen, ein Leben, das ihr wahres Selbst zum Ausdruck bringt, so wie es ihr zu sein bestimmt war, und sie wird sich aus eigener Kraft wieder in die Lage versetzen, Freude zu erleben.

Kleine Schritte in ein lebenswertes Leben

Ganz gleich, was Sie in der Vergangenheit erlebt haben, Sie können jetzt sofort anfangen, sich ein lebenswertes und erfüllendes Leben aufzubauen. Dieses Buch wird Ihnen zu dem Leben verhelfen, das Sie schon immer führen wollten, und es wird Sie Schritt für Schritt auf diesem Weg begleiten. Wenn Sie die Kapitel nacheinander durcharbeiten, werden Ihre Hoffnungen und Träume allmählich viel lebendiger werden als all das Schreckliche, das Sie in der Vergangenheit erlebt haben, und Sie werden wieder in den Genuss des Staunens und der Freude kommen, die Sie für immer verloren zu haben glaubten. Sie werden sich Schritt für Schritt Ihren Hoffnungen und Träumen nähern, und diese werden Ihnen nicht mehr als unerreichbar erscheinen. Ihnen wird klar werden, dass sie durchaus im realen Alltagsleben erreichbar sind.

Sie sind nicht nur ein »Überlebender«

Der erste Anstoß dazu, dieses Buch zu schreiben, waren meine Bedenken wegen der in Amerika entstehenden »Überlebendenkultur«. In ihrem Bemühen, dem durchaus ernst zu nehmenden und weit verbreiteten Phänomen, dass Traumatisierte eine Art Opferidentität entwickeln, gerecht zu werden und ihm etwas entgegenzusetzen, schufen Psychotherapeuten unabsichtlich eine Überlebendenidentität.

Meiner Meinung nach ist dieses Phänomen nicht entstanden, weil die früheren Vorstellungen darüber, was uns helfen kann, Missbrauchs- und Misshandlungserlebnisse sowie andere Traumata zu überwinden, völlig falsch waren. Vielmehr hatten die Psychotherapeuten nach meiner Auffassung ihre Vorstellungen über Genesung noch nicht so weit gefasst, dass sie Menschen helfen konnten, über die Überlebendenidentität hinauszugelangen. Es ist ja durchaus von Nutzen, die unmittelbaren Auswirkungen von Missbrauch, Misshandlungen, Verlusten und anderen Traumata zu überwinden und sich nicht mehr als Opfer, sondern als Überlebende zu sehen; doch reicht dies letztlich nicht aus, wenn man Menschen helfen will, die Fähigkeit zu entwickeln, ein erfüllenderes, vielfältigeres und freudigeres Leben zu führen, als es ihnen bisher möglich war.

Zwar werden in vielen Selbsthilfebüchern die negativen Auswirkungen der Identifikation mit der Opferrolle und der Wert der Identifikation mit der Rolle des Überlebenden plausibel beschrieben, doch werden wir nur selten vor den negativen Folgen gewarnt, die es haben kann, wenn Menschen sich über längere Zeit in erster Linie als Überlebende sehen. Die Geisteshaltung des Überlebenden, die Menschen häufig entwickeln, um über schmerzhafte traumatische Erlebnisse hinwegzukommen, kann später die Fähigkeit, das Leben zu genießen, beeinträchtigen.

Menschen, die sich länger hauptsächlich als Überlebende sehen, filtern ihre Alltagserlebnisse im Sinne von zwei Kriterien:

1. Ähnelt ein aktuelles Ereignis einem traumatischen Erlebnis oder unterscheidet es sich davon?
2. Lindert oder verstärkt ein aktuelles Erlebnis die anhaltenden Auswirkungen eines in der Vergangenheit erlebten Traumas?

Deshalb leben Menschen, die auf der Stufe der Überlebendenidentität verharren, aus der Perspektive der Überlebenden, statt sich jener unmittelbaren und uneingeschränkten Sicht der Welt zu erfreuen, mit der sie geboren wurden. Ihre eingeschränkte Sicht erschwert es ihnen, den Augenblick zu erleben, und erst recht, ihn zu genießen. Dieses Unvermögen, das augenblickliche Leben wirklich zu schätzen, kann auch die Fähigkeit zu einer gesunden und erfüllenden sexuellen Partnerbeziehung beeinträchtigen.

Dass es möglicherweise nicht förderlich war, sich über längere Zeit ausschließlich als Überlebende zu sehen, wurde mir Ende der 1980er-Jahre klar. Damals nahmen in den USA und in Kanada zahlreiche Psychotherapeuten an meinen Seminaren über die Behandlung von sexuell missbrauchten und anderweitig traumatisierten Patienten teil, die ein merkwürdiges Phänomen beschrieben. Viele ihrer Patienten, die sich seit längerer Zeit als Überlebende (von Missbrauch) sahen, litten allem Anschein nach unter einer leichten Depression und sahen die Möglichkeit, in Zukunft Glück zu erleben, äußerst pessimistisch. Außerdem klagten diese Patienten, sie ertappten sich ständig dabei, dass sie die Gegenwart mit dem verglichen, was sie in der Vergangenheit durchgemacht (und überlebt) hatten, und dass es ihnen schwer fiel, den Augenblick zu genießen.

Im Jahr 1995 bemerkte ich etwas, das mich auf die Idee brachte, es könnte wichtig sein, Menschen über die Überlebendenidentität hinauszugeleiten. Ich hatte gerade mit Interviews für eine Pilotstudie begonnen, in der ich die Eigenarten von Menschen untersuchen wollte, die in der Vergangenheit sexuel-

len Missbrauch erlebt hatten und die nun ein gesundes und befriedigendes Leben führten – ein Leben mit dauerhaften Beziehungen, einer als sinnvoll erlebten Arbeit und frei von belastenden psychiatrischen Symptomen.

Von den 20 Personen, die ich interviewte, benutzte keine einzige die Wörter »Opfer« oder »Überlebender«, um ihre aktuelle Sicht ihrer Situation zu beschreiben. Dass die Bezeichnung »Opfer« in diesen Interviews überhaupt nicht vorkam, überraschte mich nicht, denn die Befragten hatten es ja offensichtlich geschafft, ihre Opferidentität zu überwinden, so dass sie nun wieder ein für sie erstaunlich erfreuliches Leben führen konnten. Merkwürdig erschien mir jedoch, dass auch die Bezeichnung »Überlebender« in ihren Antworten auf Fragen nach ihrer aktuellen Situation völlig fehlte.

Auf meine Frage hin, was sie von der Bezeichnung Überlebende hielten, antworteten die Befragten verblüffend einmütig mit Sätzen wie: »Ja, ich habe das, was mir passiert ist, überlebt, aber so bin ich jetzt nicht mehr«, oder: »So sehe ich mich nicht mehr.« Oder sie antworteten etwas wie: »Ich habe mich schon lange nicht mehr so gesehen«, oder: »Ja, das ist ein Teil von mir, aber es gibt auch noch andere Teile.«

Hingegen erlebten offenbar viele, die bei mir in psychotherapeutischer Behandlung waren, das Phänomen, auf das mich die Psychotherapeuten in meinen Seminaren aufmerksam gemacht hatten. Immer wieder erklärten diese Klienten: »Ich bin ein Überlebender von sexuellem Missbrauch (oder von körperlicher Misshandlung oder von emotionalem Misshandlung oder von anderen Traumata), und ich habe genau das getan, was die einschlägigen Bücher Menschen wie mir empfehlen, damit wir unser Trauma überwinden. Aber glücklich bin ich trotzdem nicht.«

Die Betreffenden waren weder faul noch sogenannte Simulanten – eingebildete Kranke. Sie gaben sich wirklich große Mühe, wieder normal zu leben. Und ebenso wie Maggie waren

sie unglaublich frustriert. So wurde mir allmählich klar, dass wir Psychotherapeuten durch die Neuprägung des Etiketts »Überlebender« wohl eine neue Art von Problemen geschaffen hatten.

Die alten Stufen der Traumaverarbeitung und die neue

Ich habe in den 1970er-Jahren als angehende Psychotherapeutin bei der Telefonseelsorge gearbeitet. Dort lernte ich, dass die Genesung von psychischen Traumata (infolge körperlicher bzw. emotionaler Misshandlung, sexuellen Missbrauchs sowie anderer katastrophaler Ereignisse) in zwei Phasen vonstatten geht. Demnach ist die Phase der Identifikation mit der Opferrolle stets der Anfang des Heilungsprozesses. Wenn ein Mensch das erste Mal damit konfrontiert wird, dass ihm etwas Übles angetan worden ist oder dass er etwas Übles erlebt hat, lässt er allmählich die damit verbundenen Gefühle (gewöhnlich Trauer und Wut) zu.

Diese Emotionen zu spüren und auszudrücken ist ein wichtiger Teil des Heilungsprozesses und ein wertvoller Aspekt der Opferphase. Und wenn Sie erkennen, dass Sie zum Opfer geworden sind, wird Ihnen klar, dass Sie das Geschehene nicht verschuldet haben. Sobald Sie merken, dass Sie Opfer der Umstände oder der Tat eines anderen Menschen geworden sind, können Sie sich von Ihren Selbstbeschuldigungen und Ihrer Scham lösen. Ein weiterer Aspekt des Erkennens Ihrer Opferrolle besteht darin, dass Sie den Mut finden, einem anderen Menschen zu erzählen, was Sie durchgemacht haben.

Indem Sie Ihre Geschichte einem mitfühlenden Zuhörer erzählen, wird Ihre Angst und Scham verursachende Isolation durchbrochen. Sie sind dann mit Ihrem traumatischen Erlebnis nicht mehr allein. Die Nachteile der Opferphase treten in Er-

scheinung, wenn ein Mensch sich mit seiner Opferrolle weiterhin identifiziert, obwohl dies nicht mehr von Nutzen ist.

Sobald Sie die durch die Viktimisierung entstandenen Gefühle erkannt und ausgedrückt, Sie durch das Erzählen Ihrer Erlebnisse Ihre Isolation durchbrochen haben und Ihnen klar geworden ist, dass Sie das erlebte Trauma nicht selbst verschuldet haben, hat die Opferidentität ihre Aufgaben erfüllt. Falls Sie sich danach trotzdem weiter in erster Linie als Opfer sehen, so kann dies Gefühle der Hilflosigkeit und Verzweiflung und daraus resultierend Passivität erzeugen, die Sie dafür anfällig machen, dass Sie erneut zum Opfer werden. Sobald Ihnen klar geworden ist, dass Sie das üble Erlebnis nicht selbst verschuldet haben, müssen Sie lernen, sich als Überlebender zu sehen. Dies hat viele Vorteile. Die Vorstellung, »überlebt« zu haben, verweist nachdrücklich darauf, dass das traumatische Erlebnis in der Vergangenheit liegt. Sobald Sie begriffen haben, dass Sie überlebt haben, werden Sie sich früher oder später fragen: »Wie habe ich das geschafft? Wie ist es mir gelungen, diese Situation zu überleben?« Sie haben dann den Impuls herauszufinden, welche positiven Persönlichkeitsmerkmale Ihnen das Überleben ermöglicht haben. Sie werden Ihrer inneren Stärken (Wissen, Mut, Spiritualität und andere positive Aspekte Ihrer Persönlichkeit) und äußeren Hilfsmittel (Freunde, unterstützende Familienmitglieder, Hilfe aus Ihrer Umgebung) bewusst und lernen, sie zu würdigen – diejenigen, über die Sie schon zum Zeitpunkt des Traumas verfügten, sowie auch die erst danach entwickelten. Ein wichtiger Aspekt der Überlebendenphase ist, dass sie es Ihnen ermöglicht, im Alltagsleben wieder produktiv zu sein. Ein Überlebender kann sich auf Alltagsaktivitäten wie die berufliche Arbeit, die Kinderbetreuung, häusliche Pflichten, kommunale Aktivitäten, Hobbys und das Pflegen von Freundschaften konzentrieren.

Nachdem Ihnen klar geworden ist, dass Sie das traumatische Ereignis überlebt haben, und sobald Sie Ihre Stärken und Mög-

lichkeiten anerkannt und zu schätzen gelernt haben, hat Ihre Überlebendenidentität ihre Aufgabe erfüllt. Menschen, die in dieser Phase verharren, filtern alles, was in ihrem Leben geschieht, im Sinne ihres Überlebens: Sie bewerten das gesamte Geschehen im Lichte früherer Ereignisse – daraufhin, ob es deren Auswirkungen verringert oder verschlimmert. Dies erschwert es ihnen, ihr Leben voll und ganz auszukosten und zu genießen, und nach meiner Auffassung erzeugt dieser Zustand jenes Gefühl nie endender Eintönigkeit, das die untergründige Depression kennzeichnet, die so viele im Überlebendenstatus Verharrende nur zu gut kennen. Clarissa Pinkola Estés erklärt in ihrem wunderbaren Buch *Die Wolfsfrau*, dass wir – wenn wir Überlebende bleiben und uns nicht weiter entwickeln – uns selbst einschränken und unsere Energie und Macht in der Welt beschneiden. Nach Estés darf die Überlebendenidentität nicht zu einer dauerhaften primären Identität werden. Sie ist letztendlich nur eines von vielen »Abzeichen«, die wir tragen – eine Quelle des Stolzes, aber nicht ausschlaggebend für unsere Identität.

Sie sollten die Überlebendenidentität jedoch nicht ablehnen, weil sie ein durchaus wichtiger Aspekt ist, und sie als solchen würdigen. Tun Sie dies, ist das Überleben des Traumas ein Erfolg, den Sie feiern können, ohne unter negativen Folgen zu leiden. Außerdem ermöglicht Ihnen dies, weiterzugehen und sich ein Leben aufzubauen, wie Sie es verdienen.

Zu meiner Freude habe ich in letzter Zeit Psychotherapeuten und Mitglieder von Unterstützungsgruppen darüber reden hören, dass Traumatisierte die primäre Selbstsicht als Überlebende überwinden müssten. Einige Therapeuten bezeichnen diese nächste Phase als »Phase des Aufblühens«. In ihr merken die Betreffenden, dass sie auch ihre Überlebendenidentität überwinden müssen. In dieser dritten Phase werden die Traumatisierten wieder voll und ganz sie selbst und sind wieder in der Lage, echte Freude zu erleben. Ihr Bezugspunkt sind fortan nicht mehr nur die üblen Dinge, die sie überlebt hatten, oder aktuelle Erlebnisse

und Zukunftshoffnungen, sondern für sie ist wieder die Gesamtheit ihres Seins ausschlaggebend. Sie werden zu den Menschen, die sie in ihrem tiefsten Wesen sind, und genießen den damit verbundenen Lohn.

Ihre vom wahren Selbst geprägte Identität gibt Ihnen mehr Freiheit als Ihre beiden vorherigen Rollen. Wenn Sie in der Lage sind, sich in diesem Sinne zu sehen, können Sie eine reizvollere Gegenwart erleben und eine Zukunft, die lebendiger und erfüllender ist, als die Vergangenheit es für Sie war. Sie werden Ihr Leben wieder in vollen Zügen genießen können: Sie werden sich an Erlebnissen erfreuen, die Ihr angeborenes Potenzial erschließen, und Sie werden sich im Alltag auf erfüllende und kreative Weise ausdrücken. Ihre augenblicklichen Erlebnisse und Beziehungen werden in immer stärkerem Maße ein Gefühl der Unmittelbarkeit und des Staunens erzeugen und Ihre Wachstumsmöglichkeiten erweitern.

Doch was könnte an der Identifikation mit dem wahren Selbst, an der Erschließung Ihrer Möglichkeiten, das Leben in seiner Fülle zu genießen, und alle Gaben, mit denen Sie geboren worden sind, auszudrücken, nachteilig sein? Obgleich die Nachteile verglichen mit den Vorteilen minimal sind, ist es doch wichtig, auf sie hinzuweisen. Wenn Sie das erste Mal die Verbindung zu Ihrem wahren Selbst wiederherstellen, werden Sie diese neue Sicht vielleicht als fremdartig empfinden und sich deshalb unwohl fühlen.

Wenn Sie weiter im Einklang mit Ihrem authentischen Selbst leben, kann es sein, dass Ihre Lebensweise, Ihre Beziehungen und Ihre Entscheidungen unvorhersehbarer und komplexer werden, als sie es zu der Zeit waren, in der Sie sich hauptsächlich mit der Rolle des Überlebenden oder des Opfers identifizierten. Aus der Perspektive des wahren Selbst geht es darum, dass Sie sich Ihres Wissens und Ihrer Fähigkeiten immer sicherer werden und dass Sie ihnen immer mehr vertrauen. Deshalb liegt Ihnen deutlich weniger daran, in Ihrem Leben den Status quo aufrechtzuer-

halten, und deshalb sind Sie auch weniger bereit, Ihre Zeit und Energie an Beziehungen oder Situationen zu vergeuden, die Sie als unzuträglich empfinden. Stattdessen widmen Sie sich dann einem Leben, das Sie wirklich führen wollen und das Sie verdient haben.

Über die Arbeit mit diesem Buch

Sie können dieses Buch auf verschiedene Weisen benutzen: Sie können Ihre Erfahrungen mit dem Material und Ihre Antworten auf die beschriebenen Übungen schriftlich in einer Art Tagebuch festhalten, sie als Tondokument aufnehmen oder sich rein mental damit befassen. Ganz gleich, wie Sie Ihre Antworten dokumentieren, entscheidend für den Erfolg Ihrer Arbeit ist das fortgesetzte Ausführen kleiner Schritte, die Sie allmählich Ihrem wahren Selbst näherbringen; die Veränderungen, die Sie so erreichen, führen Sie allmählich zur Verwirklichung Ihrer Hoffnungen und Träume.

Das Buch ist in vier Teile gegliedert. Teil I, »Die Gaben der Gegenwart genießen«, ist der Erforschung des authentischen Selbst und der Möglichkeiten, es auszudrücken, gewidmet. Das erste Kapitel, »Lernen Sie Ihr wahres Selbst kennen«, beschäftigt sich mit der Erforschung, Identifikation und Würdigung Ihres tief inneren Wesens jenseits der üblen Dinge, die Sie in der Vergangenheit erlebt haben. Das folgende Kapitel, »Willkommen zu Hause!«, lädt Sie ein, neue Arten, sich zu Hause auszudrücken und sich Ihres Zuhauseseins zu erfreuen, zu entwickeln. Das Kapitel »Am Arbeitsplatz mehr Freude erleben« erläutert, wie Sie mit Hilfe Ihrer beruflichen Situation die Qualität Ihres Lebens verbessern können, statt zuzulassen, dass sie dadurch geschmälert wird.

Teil II, »Eine freudige Zukunft schaffen«, lädt Sie ein, liebgewonnene Hoffnungen und Träume wiederzubeleben, ernst-

haft an ihrer Umsetzung zu arbeiten und sich die Zeit zu nehmen, die Resultate dieses Bemühens zu genießen. Das Kapitel »Hoffnungen und Träume« hilft Ihnen herauszufinden, was Sie im Augenblick wirklich von Ihrem Leben wollen. Das Kapitel »Sie können es!« erläutert Strategien, mit deren Hilfe Sie scheinbar unerreichbare und einschüchternde Ziele in erreichbare verwandeln können. Das letzte Kapitel in diesem Teil, »Die Zeit nutzen«, beschreibt Möglichkeiten, die Wirkung der Zeit auf Ihre Fähigkeit, Ziele zu erreichen und Ihr Alltagsleben zu genießen, zu verändern.

Mit Hilfe von Teil III, »Mit den Herausforderungen des Lebens fertig werden«, können Sie feststellen, was Ihnen tatsächlich die besten Dienste leistet, wenn Menschen, Erinnerungen aus der Vergangenheit oder Anforderungen der Gegenwart Ihre Erfolge in Ihrem Bemühen, Ihr Leben nach Ihren Vorstellungen zu gestalten, bedrohen. Das Kapitel »Partner, Eltern, Kinder und erweiterte Familie« leitet Sie dazu an, kreativ, flexibel und authentisch zu bleiben, während Sie auf die Bedürfnisse der Menschen, die Sie lieben, eingehen. Das Kapitel »Was tun, wenn die Vergangenheit ihr hässliches Haupt erhebt?« beschreibt Möglichkeiten, verbliebene Nachwirkungen von posttraumatischem Stress auf Ihr Leben einzuschränken oder dauerhaft aufzulösen. Das Kapitel »Über den Umgang mit Regentagen und dunklen Nächten« beschreibt Strategien, die Ihnen helfen, mit dem Blues fertig zu werden, der bei Menschen, die aus ihrem Herzen zu leben versuchen, manchmal auftritt.

Teil IV, »Unterstützung und weitere Ressourcen«, hilft Ihnen, den Elan zu behalten, den Sie durch die Arbeit anhand der vorangegangenen Teile des Buches entwickelt haben. Sie werden darin aufgefordert, zu Gleichgesinnten, die bereit sind, Sie zu unterstützen, in Kontakt zu treten – entweder zu realen Menschen oder zu fiktiven Gestalten. Das Kapitel »Gründen Sie eine Kleine-Schritte-Unterstützungsgruppe« erläutert, was Sie wissen müssen, um eine Gruppe für Menschen aufzubauen, die ein-

ander helfen wollen, ihr Leben nach der Überlebendenphase weiter zu erforschen und es positiv zu gestalten.

Die Techniken

Dieses Buch ist nicht als Ersatz für eine Psychotherapie gedacht, doch basieren alle darin beschriebenen Übungen auf psychotherapeutischen Prinzipien. Sie sollen den Leser trösten und bestätigen – und ihn dazu anregen, seine individuellen Lösungen zu finden und sein Leben so zu gestalten, dass es mehr beinhaltet als bloßes Überleben.

Die im Buch beschriebenen Übungen basieren auf den Prinzipien und psychotherapeutischen Techniken der lösungsfokussierten Therapie. Von grundlegender Bedeutung für diesen Ansatz ist die Auffassung, dass Klient und Therapeut Lösungen gemeinsam entwickeln. Diese Idee basiert auf der Annahme, dass Klienten ein Anrecht auf eine Behandlung haben, die sehr individuell auf sie eingeht und die Probleme, derentwegen sie gekommen sind, effektiv zu lösen vermag, wobei diese Lösungen durch einfühlsame Fragen des Therapeuten gefunden werden.

Der lösungsfokussierten Therapie liegt die Annahme zugrunde, dass an der Konstruktion einer Lösung Klient und Therapeut beteiligt sind, wobei der Therapeut dem Klienten beibringt, eine auf ihn abgestimmte, wirksame Technik der therapeutischen Veränderung zu entwickeln. Diese von Respekt, Pragmatismus und Hoffnung geprägte Haltung eignet sich ganz besonders für die Behandlung von Menschen, die körperliche, emotionale, sexuelle und anderweitige Traumata erlebt haben.

Im Einklang mit lösungsfokussierten Konzepten beruhen die im ersten Kapitel beschriebene Ericksonsche Entspannungsmethode und das Symbol für die Zeit, die Ihnen noch bleibt, im sechsten Kapitel teilweise auf dem von Erickson entwickelten Utilisationsprinzip, das eng mit dem lösungsfokussierten Ansatz

verwandt ist. Der Ericksonsche Utilisationsansatz basiert darauf, dass die existierenden Wahrnehmungen, Erlebnisse, Verhaltensweisen und Persönlichkeitsmerkmale von Klienten in einer psychotherapeutischen Behandlung wertvolle Ressourcen sind, die in den zur Linderung von Symptomen und zur Verbesserung der Lebensqualität dienenden Prozess der therapeutischen Veränderung einbezogen werden können.

Nach dem Utilisationskonzept können alle Aspekte des Verhaltens eines Klienten, seine Persönlichkeitszüge, Beziehungen, persönlichen Überzeugungen und Werte, wertvoll und nützlich sein bei dem Bemühen, zu sinnvolleren und positiver wirkenden Entscheidungen und Erlebnissen zu gelangen. Von diesem Konzept ausgehend lernen die Klienten mit Hilfe der in diesem Buch beschriebenen Ericksonschen Entspannungsübungen, bereits erlebte Augenblicke ihres Alltagslebens, in denen sie sich wohl fühlten und in denen sie zentriert und entspannt waren, zu nutzen, um diese Empfindungen nötigenfalls zu reaktivieren.

Jetzt geht's los!

Ich empfehle Ihnen, mindestens eine Stunde pro Woche an der Umsetzung der im Buch beschriebenen Ideen zu arbeiten. Natürlich können Sie sich auch vornehmen, mehr Zeit darauf zu verwenden, aber schon bei einem Aufwand von nur einer Stunde pro Woche können Sie mit deutlich erkennbaren Resultaten rechnen. Veränderung ist unvermeidbar. Wir streben an, dass Sie Ihr Leben im Sinne Ihrer Ziele verändern. Sie werden lernen, die Veränderungen zu erreichen, die Sie sich wünschen, indem Sie einen kleinen Schritt nach dem anderen gehen.

Wenn Sie dies lesen, hat das Leben Ihnen wahrscheinlich einiges zugemutet, und vielleicht erleben Sie im Moment gerade den Zynismus und die Verzweiflung, die schwierige Situationen

manchmal in uns hervorrufen. Trotzdem wendet sich dieses Buch an Sie. Sie werden das Leben, nach dem Sie sich insgeheim sehnen, Schritt für Schritt aufbauen (oder zurückerobern), ein freudiges Leben, frei von Nachwirkungen der Vergangenheit, das zeigt, wer Sie wirklich sind.

Teil I:
Die Gaben der Gegenwart genießen

Lernen Sie Ihr wahres Selbst kennen

Ich sah einmal eine außergewöhnlich schöne japanische Teeschale,
die zerbrochen und wieder zusammengefügt worden war.
Sie hat mich sehr beeindruckt. Man hatte nicht versucht,
die Fehler zu verbergen, sondern die Risse mit Silber gefüllt
und sie dadurch hervorgehoben.
Die Schale war durch die Ausbesserung noch kostbarer geworden.
Sue Bender

Stellen Sie sich vor, Sie hätten soeben herausgefunden, dass Sie ein prächtiges Haus auf einem wunderschönen Stück Land besitzen – ein Haus, das Ihre einzigartigen Werte und Ihren Geschmack spiegelt und dessen Atmosphäre in völligem Einklang mit Ihren Stimmungen steht.

Dieses wundervolle Anwesen gehört Ihnen zwar schon seit frühester Kindheit, aber irgendwann wurden Sie gezwungen, es zu verlassen. Vielleicht haben Sie Ihr schönes Haus schon lange nicht mehr gesehen und sich seit langem nicht mehr des wunderbaren Grundstücks, der Blumen und Pflanzen in seiner Umgebung erfreut.

Vielleicht haben Sie vergessen, wie Ihr Haus und Ihr Grundstück aussehen oder dass sie Ihnen gehören. Vielleicht hat man Ihnen vor langer Zeit (fälschlich!) gesagt, dass Ihnen das Haus und das wunderbare Grundstück nicht mehr gehören. Oder man hat Ihnen in Ihrer frühen Kindheit erklärt, Sie könnten dort nicht mehr leben, wenn Sie wollten, dass Ihre Eltern oder andere, die damals für Sie sorgten, Sie weiterhin liebten. Doch was auch immer andere Menschen Ihnen über das Haus und das dazugehörige Grundstück gesagt haben mögen, es hat immer Ihnen gehört und wird auch in Zukunft immer Ihnen gehören. Das wunderschöne Haus samt Grundstück ist Ihr wahres Selbst.

Nun ist es an der Zeit für Sie, in Ihr Eigentum – Ihr wahres Selbst – zurückzukehren und sich wieder mit ihm vertraut zu machen, damit Sie alle Gaben und Freuden, die es für Sie bereithält, genießen können. Dass Sie wirklich mit Ihrem wahren Selbst wiedervereinigt sind, erkennen Sie an Ihrem Staunen und an der Freude, die Ihr Leben erfüllt. Willkommen zu Hause!

Was ist Ihr wahres Selbst? In Zeiten, in denen Sie emotional ausgeglichen sind, ist es das psychische Heiligtum tief in Ihrem Inneren, der Ort, an dem Ihre Wunden heilen, wo Sie die tiefsten Sehnsüchte Ihres Herzens spüren und erforschen und sich Ihres Lebendigseins erfreuen können. In Krisenzeiten und in Phasen intensiven emotionalen Erlebens ist Ihr wahres Selbst eine Insel der Sicherheit und Beständigkeit, die unberührt bleibt, so wie ein Leuchtturm sein beruhigendes Licht durch das Wüten des Windes und des aufgepeitschten Meeres hindurch aussendet. Ihr wahres Selbst existiert unabhängig von der Witterung der Emotionen, Gedanken und Meinungen, die sich ständig verändern. Das wahre Selbst ist jenes »Du«, das die unveränderliche Präsenz oder das permanente »Ich« ist, das alle sich verändernden »Ichs« bezeugt – das heißt das »Ich fühle mich gut«, »Ich fühle mich schlecht«, »Ich mag dich«, »Ich mag dich nicht« (Wolinsky 1997).

Das vorliegende Kapitel besteht aus drei Abschnitten, die Ihnen helfen sollen, in Ihr angestammtes wahres Selbst zurückzukehren. Der erste Abschnitt wird Sie stärken und erfrischen, während Sie Ihr wahres Selbst mit Hilfe von Worten erforschen. Der zweite Abschnitt hilft Ihnen, eine symbolische Repräsentation Ihres wahren Selbst zu entwickeln. Und der letzte Abschnitt, in dem es um Entspannung und Spiel geht, erforscht Ihre inneren Ressourcen mit Hilfe einer hochwirksamen Entspannungstechnik und einer »Verabredung« oder eines Mini-Urlaubs mit Ihrem wahren Selbst.

Falls Ihnen diese Vorgehensweisen zunächst gewöhnungsbedürftig erscheinen, sollten Sie bedenken, dass Sie, indem Sie

die Person, die Sie tief innerlich sind, lieben, erforschen und würdigen, Ihre Fähigkeit weiterentwickeln, andere und sich selbst zu lieben. Wenn Sie nicht in der Lage sind, sich selbst zu lieben und zu schätzen, können Sie auch keinen anderen Menschen lieben.

Beschreiben Sie Ihr wahres Selbst

Durch kreatives Schreiben können wir erstaunlich viel über uns selbst lernen. Das Folgende wird Sie in Erstaunen versetzen und Ihnen zu persönlichen Erkenntnissen verhelfen, die Ihr Selbstwertgefühl stärken und Ihnen die besonderen Eigenschaften bewusst machen, die Sie in die Welt mitgebracht haben.

Ein Tagebuch führen

Ich empfehle Ihnen dringend, sich ein Tagebuch zuzulegen. Wenn Sie die Möglichkeit haben, Ihre Gedanken, Ideen, Beobachtungen und Reaktionen auf die Übungen in diesem Buch zentral zu sammeln, wird dadurch hervorgehoben, wie wichtig es ist, Ihr wahres Selbst zu erforschen.

Wählen Sie als Tagebuch ein Notizbuch, das Sie bequem überallhin mitnehmen können; allerdings sollten Sie bedenken, dass das Format in einer sinnvollen Relation zu Größe und Stil Ihrer Handschrift stehen sollte. Auch der Umschlag sollte Ihnen gefallen. Eventuell können Sie auch selbst einen Umschlag gestalten und ihn mit Hilfe einer selbstklebenden Klarsichtfolie haltbarer machen.

Ein Tagebuch ist ein dauerhaftes Geschenk, das Sie sich selbst machen. Wenn Sie jeden Tag etwas in dieses Buch schreiben, können Sie einen lebendigen Dialog mit Ihrem wahren Selbst entwickeln. Ein Tagebuch – aber auch eine fortlaufende Bandaufnahme – ist ein Freund, der immer für Sie da ist und der Sie immer versteht, auch mitten in der Nacht. Sollten Sie an man-

chen Tagen nicht viel zu sagen wissen, so machen Sie sich deswegen keine Sorgen. Dies zeugt nicht von mangelndem Fortschritt, sondern ist beim Tagebuchschreiben völlig normal. Wenn Sie selbst nichts zu sagen wissen, zeigt dies möglicherweise Ihre Bereitschaft an, mehr Informationen von anderen Menschen aufzunehmen.

> Vielleicht kennen Sie die Geschichte von dem Pilger, der einen berühmten Lehrer aufsucht, von dem er etwas zu lernen hofft. Der Lehrer fordert den Pilger auf, ihm Tee in seine Schale zu gießen. Er erklärt: »Ich werde dir sagen, wann du mit dem Gießen aufhören sollst.« Doch der Lehrer sagt nichts, und zum Entsetzen des Pilgers fließt der Tee über den Rand der Schale und auf den Boden.
> Schließlich ist die Teekanne leer, und der verdutzte Pilger stellt sie wieder auf den Tisch. Nun erklärt der Lehrer: »Du gleichst dieser Teeschale. Du bist so voll, dass du nichts mehr aufnehmen kannst. Wenn du etwas von mir lernen willst, musst du zunächst leer werden.«

Die Tage, an denen Sie viel in Ihr Tagebuch schreiben, können aufregend und befriedigend sein. Sie sollten aber auch die Tage schätzen, an denen Ihre »Wortschale« leer ist und an denen Sie offen sind für die Worte anderer.

Eine angenehme Reise in Ihr Gedächtnis

Herauszufinden, welche Aktivitäten und Alltagserlebnisse Ihnen die größte Freude machen und welche Sie am meisten schätzen, ist eine gute Methode, mit der Erforschung Ihres wahren Selbst zu beginnen.

Beim Schreiben fiel mir gerade ein, dass ich früher immer gern gemächlich durch den Botanischen Garten von Denver spaziert bin, der in der Nähe meines Hauses liegt. Am besten gefällt mir dort eine Ausstellung alpiner Pflanzen, darunter Arktischer Mohn, winzige Kakteen und wunderschöne kleine Wildblumen,

die in großen Höhen wachsen. Nachdem der Morgen für mich hektisch begonnen hatte, erfrischte mich der Gedanke an jenen alpinen Garten. Ich spürte, wie sich meine Schultern entspannten, während ich mir die winzigen Gänseblümchen und die wilden purpurfarbenen Lilien vorstellte, umrahmt von fernen schneebedeckten Gipfeln vor einem strahlend blauen Himmel. Manchmal stärkt es uns schon, nur an das zu denken, was wir lieben, weil wir auf diese Weise die Verbindung zu unserem wahren Selbst wiederherstellen.

Die Dinge, die Sie besonders gern tun oder erleben, gleichen kleinen Hologrammen, in denen sich Ihr Wesen abbildet. Diese Dinge zu erkennen und später in Gedanken oder in realem Handeln zu ihnen in Kontakt zu treten stärkt gleichzeitig Ihr Gewahrsein und die Wertschätzung Ihres wahren Selbst. Und falls Sie infolge einer Überlastung durch äußere Verpflichtungen, Sorgen und Alltagsaufgaben erschöpft sind, so wie es mir heute morgen ergangen ist, wird es Sie erfrischen, die nun folgende Übung auszuführen.

Ein kleiner Schritt

Stellen Sie sich vor, Sie haben die Möglichkeit, die nächsten 15 Minuten in Ihrem Gedächtnis zu verbringen und dort eine oder mehrere angenehme oder wichtige Situationen wieder zu erleben, die Ihnen im Laufe des vergangenen Jahres Freude gemacht haben. Nehmen Sie sich jetzt ein wenig Zeit, um eine dieser Situationen im Geiste zu genießen. Kosten Sie aus, was Ihnen damals am besten gefallen hat, und achten Sie darauf, was Ihnen an der Situation besonders gefällt.

Möglichkeiten

Welches Erlebnis oder welche Erlebnisse würden Sie gern wiedererleben? (Falls es Ihnen schwer fällt, sich an Situationen zu erinnern, die Sie gern noch einmal erleben möchten, können Sie sich auch auf Situationen besinnen, die Sie um keinen Preis noch einmal erleben wollen.)

- Handelte es sich bei einem dieser Erlebnisse um ein alltägliches Vorkommnis?
- Gibt es darunter seltene Aktivitäten, die Sie aber in Zukunft gern nochmals erleben würden?

Beim Nachdenken darüber, welche Situation Sie wiedererleben möchten, sollten Sie sowohl Dinge berücksichtigen, die Sie nicht oft erlebt haben, als auch solche, die Ihnen durch häufigeres Erleben geläufig sind.

> Ich fragte Erin, eine vielbeschäftigte Mutter von zwei kleinen Kindern, welche Erlebnisse und Aktivitäten sie besonders schätze und in ihrem Leben häufiger zu erleben wünsche. Daraufhin erwähnte sie unter anderem folgende Dinge:
> »Ich schaue mir gern vom Fenster unseres Wohnzimmers aus Sonnenuntergänge an. Ich bade mein Baby gern; es liebt das Wasser, und wenn es lächelt, schmelze ich dahin. Ich gehe gern zum frühen Abendessen in den Brown Palace. Ich verbringe gern Zeit allein mit meinem Mann.«

Obgleich einige der erwähnten Situationen in Erins Leben häufiger vorkommen als andere, repräsentieren alle erwähnten Erlebnisse die wahre Erin; sie spiegeln also alle eindrucksvoll, wer sie wirklich ist. Und selbst wenn sie keine Zeit hat, sich einer dieser Lieblingsaktivitäten zu widmen, hilft es ihr, nur an sie zu denken, wenn sie zu ihrem Selbstempfinden in Kontakt treten will.

Wenn Sie wollen, können Sie diese Liste überallhin mitnehmen, damit Sie sie jederzeit durchlesen können. Sie kann Ihnen bei der Bewältigung von Alltagspflichten als mentale Brücke zu den Ressourcen und als potenzieller Trost dienen. Dies ist besonders nützlich, wenn Sie aufgrund von Stress, schmerzhaften Erinnerungen oder Zukunftsängsten nicht oder kaum in der Lage sind, die Gegenwart zu genießen.

Eine Botschaft von einem Schutzengel

Stellen Sie sich vor, dass seit Ihrer Geburt ein weiser und mitfühlender Schutzengel auf Ihrer Schulter sitzt. Allerdings haben Sie dies bisher noch nicht bemerkt, weil Engel ja nichts wiegen. Sinn und Zweck der Anwesenheit dieses Engels war und ist einzig und allein, alle Ihre persönlichen Stärken und Überzeugungen bezüglich der Welt zu erkennen. Der Engel soll Sie also nicht zur Selbstkritik anhalten oder in Ihnen Schuldgefühle hervorrufen.

> **Ein kleiner Schritt**
>
> Stellen Sie sich in den nächsten 15 Minuten vor, dass der Engel Ihnen eine Liste positiver Eigenschaften diktiert. Schreiben Sie einfach alles auf, was Ihnen in den Sinn kommt, und stellen Sie auf diese Weise eine Liste der Dinge zusammen, von denen Sie annehmen, der Engel würde sie erwähnen.
>
> **Möglichkeiten**
> - Welche Ihre persönlichen Eigenschaften schätzen Sie so sehr, dass Sie sich die weitere Beeinflussung Ihres Lebens durch sie wünschen?
> - Welche Tugenden und positiven Überzeugungen schätzen Sie so sehr, dass Sie sich die weitere Beeinflussung Ihres Lebens durch sie wünschen?

Nehmen Sie sich nach Abschluss der Übung ein wenig Zeit, um über das Aufgeschriebene nachzudenken. Wie war es für Sie, die Liste zusammenzustellen? Vielleicht hatten Sie trotz des imaginären Schutzengels Schwierigkeiten, Ihre positiven Persönlichkeitsmerkmale aufzulisten. Wenn ja, dann machen Sie sich deswegen keine Sorgen – das ist nicht ungewöhnlich, insbesondere wenn Sie aus einer Familie oder einer Kultur stammen, in der solche Selbstuntersuchungen nicht gutgeheißen oder gar gefördert werden.

Versuchen Sie sich vorzustellen, welche wertvollen und guten Dinge jemand anders, der Sie versteht und mag, an Ihnen be-

merken würde. Vielleicht sagt es Ihnen aber auch mehr zu, sich vorzustellen, welche guten Dinge einem verständnisvollen und wohlgesinnten Fremden auffallen würden, der sich ein Videoband über Ihr Leben anschaut. Und notieren Sie zu Beginn Ihrer Liste unbedingt Ihre Bescheidenheit! Denken Sie nach dem Zusammenstellen der Liste einen Augenblick lang darüber nach, ob Sie irgendwelche Attribute oder Tugenden übersehen haben könnten.

> Belinda, eine intelligente und begabte Forscherin, die an zwei Universitäten gelehrt hatte, scheiterte mit ihrem ersten Versuch, sich vorzustellen, dass ein Engel ihr eine Liste ihrer positiven Eigenschaften diktierte. Diese zu benennen erschien ihr wie Selbstbeweihräucherung, eine Form von Dünkel, die sie in ihrer Kindheit zu vermeiden gelernt hatte.
>
> In der Familie irischer Katholiken, in der Belinda aufgewachsen war, galten Menschen, die zu positiv über sich selbst redeten, als Angeber, und man hielt sie für zu sehr von sich eingenommen. Ebenso galten Menschen, die glaubten, fromm oder gottesfürchtig zu sein, als selbstgerechte Schwindler. Belinda empfand es als egoistisch, sich vorzustellen, ein Engel könnte positive Dinge über sie sagen, und es kam nach ihrer Auffassung der Angeberei sehr nahe.
>
> Doch obwohl in Belindas Familie jede Form von Eigenlob verpönt war, galt es durchaus als wünschenswert, über andere Menschen positiv zu reden, insbesondere wenn die Betreffenden nicht anwesend waren oder nicht zum engsten Familienkreis gehörten. Deshalb war es Belinda angenehmer, sich über ihre positiven Persönlichkeitszüge klar zu werden, indem sie sich vorstellte, was ein ihr wohlgesonnener anderer Mensch, ihre beste Freundin Sarah, darüber sagen könnte. Auf diese Weise kam Belinda zu folgender Liste: »Belinda ist eine gute Zuhörerin; die Gefühle anderer Menschen sind ihr wichtig. Belinda hat einen von Herzen kommenden Humor. Belinda arbeitet sorgfältig und gewissenhaft. Belinda ist eine loyale Freundin.«

Wenn es Ihnen, wie Belinda, zunächst schwer gefallen ist, Ihre positiven Persönlichkeitsmerkmale zu erkennen, oder wenn Sie

sich dabei unwohl gefühlt haben, hat man Ihnen vielleicht in der Kindheit beigebracht, es sei nicht akzeptabel, positive Empfindungen, die Sie selbst betreffen, direkt auszudrücken. Oder Sie haben psychische Misshandlungen erlitten und die Botschaft verinnerlicht, Sie verdienten es nicht, Ihre eigene Persönlichkeit positiv zu sehen. In jedem Fall zeigen Ihre Probleme damit, bei sich selbst positive Eigenschaften und Charakteristika zu erkennen und anzuerkennen, dass es für Sie an der Zeit ist, sich diese Fähigkeit wieder anzueignen.

So wie die Aktivitäten und Erlebnisse, die Sie gern noch einmal erleben möchten, ein äußerlich erkennbarer Ausdruck Ihres wahren Selbst sind, sind Ihre Persönlichkeitsmerkmale, Tugenden und Ihre Umwelt betreffenden positiven Überzeugungen ein innerer Ausdruck dessen, wer Sie wirklich sind.

Sie können Ihre Liste positiver Eigenschaften und Persönlichkeitsmerkmale jederzeit durchlesen, wenn Sie Ihren Mut stärken oder sich innere Unterstützung sichern wollen, und dies auch mit der Liste der Aktivitäten, die Sie im Rahmen der Gedächtnisübung zusammengestellt haben, verbinden. So stärken Sie Ihre Beziehung zu Ihrem wahren Selbst, und gleichzeitig festigen Sie Ihre Gefühle sich selbst gegenüber.

Die nächste Übung dient dazu, einige der Überzeugungen und philosophischen Ansichten über das Leben zu identifizieren, die für Ihr wahres Selbst charakteristisch sind. Die Anregung zu dieser Übung stammt aus dem Buch *Writing for Your Life* von Deena Metzger.

Die letzten 15 Minuten der Welt

Stellen Sie sich vor, Ihnen wurden bei der Geburt zwei Dinge mit auf den Weg gegeben: die Fähigkeit, sich gut auszudrücken, und ein besonderes Wissen, das Sie der Welt schenken können. Leider war Ihnen die Existenz dieser beiden Fähigkeiten bisher nicht bekannt. Außerdem haben Sie gerade herausgefunden, dass in

Kürze eine entsetzlich zerstörerische Kraft die Erde treffen wird. Sie wird alle Bibliotheken, Museen, Computer und auch alle anderen Informationsspeicherungssysteme zerstören. Nur in einer speziellen Kapsel aufbewahrte Objekte und Informationen werden die Katastrophe überstehen.

> **Ein kleiner Schritt**
> Sie sollen etwas zum Inhalt dieser Zeitkapsel beitragen. Schreiben oder zeichnen Sie Ihre speziellen Informationen, um etwas zum Überleben des Menschengeschlechts nach der Katastrophe beizutragen. Dazu haben Sie nur 15 Minuten Zeit.

Die Beschränkung auf 15 Minuten ist wichtig, damit Ihre Äußerung spontan ist und Sie über das Resultat nicht zu gründlich nachdenken. Ganz gleich, ob Sie etwas aufschreiben, zeichnen oder akustisch dokumentieren, in jedem Fall empfiehlt sich die Konservierung Ihrer Antwort in irgendeiner Form, damit Sie sich später in Ruhe mit ihr befassen und untersuchen können, was die Botschaft über Ihr wahres Selbst zu diesem Zeitpunkt Ihres Lebens aussagt.

Die Resultate dieser Übung fallen nie gleich aus. Weil Ihr wahres Selbst ständig wächst, sich verändert und sich entwickelt, variieren die Antworten in verschiedenen Situationen zumindest leicht. Das Folgende schrieb zum Beispiel ich während der Arbeit an diesem Buch auf: »Wir müssen daran denken, auch die mit Sicherheit im Alltagsleben vorkommenden guten Dinge, ob unbedeutend oder bedeutend, vorauszusehen und zu beachten. Es ist besser, ein Leben zu führen, in dem das Gewahrsein der guten Dinge im Mittelpunkt steht, als sich die meiste Zeit über vor üblen Dingen zu fürchten.«

Denken Sie daran, dass Sie bei dieser Übung nichts »falsch« machen können. Außerdem können Sie durchaus auch humorvoll antworten, wenn Sie sich danach fühlen.

> Ron, der an einem meiner Workshops teilnahm, musste laut lachen, weil er für die imaginäre Zeitkapsel als Erstes aufgeschrieben hatte: »Setzt euch nicht in den Giftsumach.« Diese Empfehlung hatte er mit einer sorgfältigen Zeichnung der kleinen Pflanze mit den charakteristischen Blättern illustriert.
>
> Sich nicht in den Giftsumach (giftigen Efeu) zu setzen war ein sehr sinnvoller Rat, und als Ron sich damit auf der metaphorischen Ebene beschäftigte, wurde ihm klar, dass dies ein Hinweis seines wahren Selbst war, dem Naheliegenden im Leben gebührende Aufmerksamkeit zu schenken – was er in letzter Zeit versäumt hatte.

Ganz gleich, wie Sie auf die Übung reagiert haben, Sie sollten in jedem Fall würdigen, was es Ihnen über Ihre Überzeugungen und die Philosophie Ihres wahren Selbst sagt.

Erzählen Sie Ihre Lebensgeschichte

Ihre Autobiografie aufzuschreiben oder mündlich zu erzählen ist eine weitere Möglichkeit, Ihre Verbindung zu Ihrem wahren Selbst zu erforschen und zu vertiefen. Je nachdem, wie detailliert Sie Ihr Leben schildern wollen, kann dies Stunden, Tage, Wochen oder noch mehr Zeit in Anspruch nehmen. Nach der Niederschrift sollten Sie sie noch einmal lesen und eventuell ergänzen, bis alles berücksichtigt ist, was Ihnen wichtig erscheint.

Aber hüten Sie sich vor Perfektionismus, wenn Sie Ihre Geschichte aufschreiben! Denken Sie daran, dass es darum geht, durch das Aufschreiben für Sie bedeutungsvoller Ereignisse und Erlebnisse mehr über Ihr wahres Selbst herauszufinden. Manchen fällt das Schreiben einer Autobiografie leichter, wenn sie sich zunächst auf ein bestimmtes Thema konzentrieren, etwa auf »Häuser, in denen ich gewohnt habe«, »Wichtige Menschen in meinem Leben«, »Schulen, die ich besucht habe«, »Haustiere, die ich geliebt habe«, »Reisen, die ich unternommen habe«,

»Freundschaften, die mir wichtig waren« oder andere für sie persönlich besonders wichtige Themen.

Falls es Ihnen trotz Fokussierung auf ein solches Thema weiterhin schwer fällt, einen Anfang zu finden, hilft Ihnen vielleicht folgender Hinweis.

> **Ein kleiner Schritt**
> Geben Sie sich drei Minuten Zeit, die Geschichte Ihres Lebens zu erzählen. Stellen Sie nach Ablauf der drei Minuten fest, was Sie aufgeschrieben haben, und entscheiden Sie dann, ob Sie weitere drei Minuten damit fortfahren wollen.

Weil es fast unmöglich und auch etwas absurd ist, diese Aufgabe auszuführen, lockert diese Übung häufig die Verkrampfung, die der selbstauferlegte Hang zum Perfektionismus verursacht, so dass sich Ihr wahres Selbst anschließend freier äußern kann.

Ein Zeitstrahl

Wenn Sie Ihre Geschichte nicht in Form einer fortlaufenden Erzählung schildern wollen, können Sie einen Zeitstrahl entwickeln.

> **Ein kleiner Schritt**
> Suchen Sie sich einen ruhigen Ort, an dem Sie nachdenken können. Sie brauchen ein Blatt Papier und einen Stift.
> 1. Ziehen Sie in der Mitte des Blatts eine vertikale Linie. Schreiben Sie in die obere linke Ecke das Wort »Geburt« und Ihr Geburtsdatum. Fügen Sie weitere persönliche Angaben hinzu: den ungefähren Zeitpunkt Ihrer Einschulung, Umzüge, die Geburt von Geschwistern usw., alles in chronologischer Reihenfolge. Ergänzen Sie die Informationen, so wie sie Ihnen einfallen, sowohl angenehme als auch unangenehme Fakten, die Ihnen als wichtig erscheinen.

2. Notieren Sie frühere oder aktuelle Empfindungen, die die erwähnten Ereignisse betreffen, rechts von der vertikalen Linie, jeweils den Fakten zugeordnet.

Wahrscheinlich reicht ein Blatt Papier nicht aus. Nach und nach werden Ihnen zusätzliche Informationen einfallen, die Sie zwischen den bereits gesammelten einfügen müssen, um die chronologische Reihenfolge des Zeitstrahls zu erhalten. Schneiden Sie das Blatt nötigenfalls horizontal durch und fügen Sie Papierstücke ein, um Raum für neuen Text zu gewinnen. Dadurch kann ein sehr langer Papierstreifen entstehen, den Sie zusammenrollen und in dieser Form aufbewahren können.

Entwickeln Sie ein Symbol für Ihr wahres Selbst

Nicht nur mit Hilfe von Worten können wir unser wahres Selbst erforschen und zu ihm in Verbindung treten. Einige empfinden es als sinnvoller, ein Symbol oder eine Folge von Symbolen zu schaffen, die ihnen helfen, ihr wahres Sein zu identifizieren, zu erforschen und weiterzuentwickeln.

Ein Wappen

Wenn Sie ein Wappen entwerfen sollten, das Ihr wahres Selbst repräsentiert, welche Bilder würden Sie dann dafür benutzen? Welche Farben passen am besten zu Ihnen? Würden Sie Objekte einbeziehen, die Ihre Erfolge, Ihre Hobbys und anderes, was Sie gern tun, repräsentieren? Gibt es eine Redensart oder ein Logo, das Sie in Form einer Inschrift oder eines Banners in das Wappen integrieren wollten? Achten Sie auf alles, was Ihnen in den Sinn kommt.

Sie brauchen für diese Übung unbeschriebenes Papier, Materialien zum Zeichnen oder Malen, Leim und ein paar alte Magazine und Zeitungen.

Entwickeln Sie ein Symbol für Ihr wahres Selbst

Ein kleiner Schritt

Zeichnen Sie auf einem Blatt Papier Ihr eigenes Wappen, und beachten Sie, was Ihnen im Laufe dieses Prozesses durch den Kopf geht. Sie können Bilder aus Zeitschriften und Zeitungen ausschneiden und benutzen oder Objekte aus der Natur, beispielsweise Federn, die Sie gefunden haben, getrocknete Holzstücke oder Blumen. Sinn und Zweck der Entwicklung eines eigenen Wappens ist, mehr über Ihr wahres Selbst herauszufinden. Das Resultat braucht kein Kunstwerk zu sein!

Zu Beginn der Arbeit an seinem Wappen kritzelte Brad nur vor sich hin. Er saß in einem kleinen Café und wartete auf einen Freund. Plötzlich fiel ihm auf, dass er auf den Rückendeckel seines Notizbuches eine Feder zeichnete.

Als er sich beim Zeichnen einer weiteren Feder ertappte, wurde ihm klar, dass er seit dem Zeichenunterricht in der Schule zwar nicht mehr bewusst Bilder gezeichnet hatte, aber seit Jahren solche Federn produzierte, wenn er am Telefon mit jemandem sprach, in Besprechungen saß und auf Menschen, mit denen er sich verabredet hatte, wartete. Ganz offensichtlich waren ihm die Federn wichtig.

Dann überlegte er, welche anderen Symbole oder Objekte veranschaulichten, wer er wirklich war. Und während er immer noch auf seinen Freund wartete, fügte er den Federn auf der Rückseite seines Notizbuches weitere Kritzeleien hinzu. Zu seiner Verblüffung hatten viele der Formen und Bilder, die so entstanden, in der Kultur der amerikanischen Ureinwohner eine Bedeutung.

Nun wusste Brad zwar, dass er großväterlicherseits zu einem Achtel Cherokee war, doch hätte er wohl kaum geglaubt, dass dieser Aspekt seines Erbes für ihn so wichtig war – bis er sein Wappen gezeichnet hatte. Er stellte fest, dass die intensivere Auseinandersetzung mit seiner Abstammung von den Cherokee mit Hilfe von Büchern und durch Gespräche mit Stammeshäuptlingen für ihn bei der Suche nach seinem wahren Selbst eine wichtige Bereicherung war.

Ein Tiersymbol

Wenn Sie ein Tier sein könnten, welches Tier wollten Sie dann sein? Ihre Wahl könnte etwas über Ihr wahres Selbst aussagen.

> **Ein kleiner Schritt**
>
> Zeichnen Sie ein Bild von diesem Tier und beschreiben Sie schriftlich seine besonderen Merkmale und Gewohnheiten. Welche seiner Eigenschaften gefallen Ihnen besonders gut?
>
> Stellen Sie sich nun vor, dass Sie tatsächlich das gewählte Tier sind. Nehmen Sie sich genügend Zeit, um sich wirklich voll und ganz in dieses Tier hineinzuversetzen. Wie sähe für Sie ein typischer Tag aus, wenn Sie dieses Tier wären? Was gefällt und missfällt Ihnen daran, dieses Tier zu sein?

Louise wählte als Lieblingstier ein großes, hellbraunes Kaninchen, das sie einmal als Kind in ihrer kleinen Heimatstadt in der Wüste von Arizona gesehen hatte.

Sie beschrieb das Kaninchen als still und scheu. Sie dachte über das Wesen von Kaninchen nach, und ihr wurde klar, dass sie sehr erfinderisch sind, denn »das muss man sein, wenn man klein und gefährdet ist«. Als sie sich einen typischen Tag im Leben eines Kaninchens vorstellte, erklärte sie, dass Kaninchen sich unter der Erde verbergen würden und dass sie Vegetarier seien. Nötigenfalls benutzten sie ihre scharfen Krallen, um sich und ihre Jungen zu verteidigen. Ein Kaninchen wisse, wie es sich schützen könne.

Die Identifikation mit dem Kaninchen brachte Louise einige wichtige Dinge, die sie selbst betreffen, zu Bewusstsein: Sie war erfinderisch, sie konnte sich schützen, und trotz ihrer Schüchternheit war sie durchaus in der Lage, sich zu verteidigen. Nachdem Louise die Übung ausgeführt hatte, stellte sie ein großes Bild von einem Kaninchen auf ihren Schreibtisch, um ihre Verbindung zu ihrem wahren Selbst zu verstärken.

Welches Objekt oder Bild würde Ihnen helfen, sich mit dem Tier zu identifizieren, das Sie im Rahmen dieser Übung ausgewählt haben?

Ein Baum, der mit Ihnen spricht

Wenn Sie diese Übung ausführen wollen, müssen Sie sich die Zeit für einen Spaziergang im Wald nehmen. Der Baum ist ein Objekt, auf das Sie Ihre Gedanken, Ihre Gefühle und ein besonderes Gewahrsein projizieren können, um Ihrem wahren Selbst die Möglichkeit zu geben, zu Ihnen zu sprechen.

> **Ein kleiner Schritt**
> Nehmen Sie sich mindestens eine Stunde Zeit, um durch den Wald zu gehen und sich bewusst die Bäume anzusehen. Halten Sie nach einem Baum Ausschau, der Sie besonders anspricht. Stellen Sie sich vor, dass dieser Baum Ihnen etwas über Ihr wahres Selbst zu sagen hat. Er weiß etwas Wichtiges über Sie, weil Sie und er geistesverwandt sind. Bitten Sie den Baum, Ihnen mitzuteilen, in welcher Hinsicht Sie ihm gleichen, und schreiben Sie auf, was Ihnen dabei in den Sinn kommt. Bitten Sie ihn auch, Ihnen mitzuteilen, was er über Ihr wahres Selbst weiß, und schreiben Sie auf, was Ihnen als Antwort des Baums in den Sinn kommt.

Folgendes ging mir durch den Kopf, als ich auf einer Bergwiese zu einer riesigen Gelbkiefer in Kontakt trat:

»Du und ich sind einander ähnlich, weil wir seit langem am gleichen Ort stehen und Schnee und Regen und Dürre ertragen haben. Weil wir all dies überstanden haben, wissen wir, wie wir den kommenden Winter überleben können und die heißen Sommertage, die uns nächstes Jahr erwarten. An einem typischen Tag schaue ich mir den Sonnenaufgang an, ich höre die Vögel singen, ich spüre den Wind in meinen Zweigen, und besondere Freude macht es mir zu sehen, wie dem Sonnenuntergang ein Himmel voller Sterne folgt. Meine besondere Botschaft für dich lautet: Betrachte den unermesslichen blauen Himmel über dir und die wunderschönen Wolken darin, die Wildblumen, die Eichhörnchen und die Vögel. Genieße, was du in diesem Augenblick erlebst. Du verbringst zu viel Zeit damit, dir Sorgen zu machen, und nicht genug Zeit damit, den Augenblick zu genießen.«

Sie können diese Übung viele Male wiederholen und sich dazu jeweils einen anderen Baum aussuchen.

Totempuppen

Spielzeugpuppen helfen seit jeher kleinen Mädchen, sich mit der Mutterrolle vertraut zu machen. In Afrika haben junge Mädchen früher selbst Fruchtbarkeitspuppen hergestellt, die ihnen halfen, sich auf Pubertät, Ehe und Schwangerschaft vorzubereiten. In vielen verschiedenen Traditionen diente die Herstellung von Puppen aber auch spirituellen Zwecken.

Von der afrikanischen Praxis, den Totempfählen der amerikanischen Ureinwohner und der europäischen Heraldik inspiriert, begann ich zu experimentieren und entwickelte so schließlich die Totempuppen. Diese können so groß oder klein sein, wie Sie es sich wünschen. Alle Gegenstände, die Ihnen als Symbole für Ihr Wesen erscheinen, können bei der Herstellung dieser Puppen Verwendung finden.

Eine Totempuppe kann für die Person stehen, die Sie in der Vergangenheit waren, die Sie in der Gegenwart sind und die Sie in Zukunft sein werden. Die Puppe kann Ihr gesamtes Leben darstellen; Sie können aber auch, falls Ihnen das lieber ist, jeweils eine Puppe für Vergangenheit, Gegenwart und Zukunft produzieren.

Ein kleiner Schritt

Nähen Sie mit einer Nähmaschine oder mit der Hand eine Puppe und dekorieren Sie sie mit Knöpfen, Perlen, Papier oder Objekten, die Aspekte Ihrer Persönlichkeit repräsentieren sollen. Anleitungen zur Herstellung kleiner und großer Puppen finden Sie in Geschäften für Bastelbedarf und in Bibliotheken. Sie können eine solche Anleitung so modifizieren, dass die Puppe, die Sie herstellen, Ihrem Wesen entspricht.

Lassen Sie sich von der Vorstellung, dass Sie eine Totempuppe herstellen sollen, die Ihre Persönlichkeit repräsentiert, nicht ein-

schüchtern. An einer Wand des Raumes, in dem ich meist kreativ arbeite, habe ich ein kleines Schild mit folgender Aufschrift angebracht: »Zeige mir einen Menschen, der noch nie einen Fehler gemacht hat, dann zeige ich dir einen Menschen, der noch nie irgendetwas gemacht hat!« Lockere Stiche und mangelnde Perfektion vergrößern den Charme und die Symbolkraft einer selbstgemachten Totempuppe, die Ihr wahres Selbst darstellt.

Wenn Sie keine Puppe herstellen können oder wollen, können Sie auch jemanden beauftragen, eine Puppe anzufertigen, die einen Aspekt Ihrer selbst repräsentiert. Schauen Sie sich die Puppen an, die aus der Werkstatt des Betreffenden stammen, und lassen Sie sich ein Modell der Puppe, die Sie sich vorstellen, zeigen, bevor Sie den Auftrag erteilen, damit Sie sicher sein können, dass die Puppe Ihren Wünschen entspricht.

Maggie fertigte zunächst eine kleine Puppe an, die sie als Kind darstellen sollte. Markierungen auf dem Kopf der Puppe symbolisierten die emotionalen Misshandlungen, die sie erlitten hatte, und Markierungen auf dem Puppenkörper standen für körperliche Misshandlungen.

Ein Stück gewelltes blaues Papier stellte das Meer und den Sand dar, an denen sie als Kind so große Freude gehabt hatte, und eine gelbe Glaskugel symbolisierte die geliebte Sonne. Muscheln dienten der Puppe als Kleidungsstücke. Als kleines Mädchen hatte Maggie sich gern vorgestellt, sie sei eine Meerjungfrau.

Um die Gegenwart zu symbolisieren, stellte Maggie eine größere Puppe her, die verkörpern sollte, dass sie nun älter, größer und weniger verletzlich war als das Meerjungfrauenkind. Sie schnitt Wörter aus Zeitschriften aus, die sie direkt auf die Puppe klebte, um verschiedene Tugenden und Mängel zu beschreiben, die sie an ihrer gegenwärtigen Persönlichkeit wahrnahm.

Außerdem schmückte sie die Puppe mit Gegenständen als Symbolen für Aktivitäten, die ihr besonders gefielen – beispielsweise mit einem Zweiglein eines getrockneten Krauts für ihre Liebe zum Kochen, mit einem Stück von einem alten Schnürsenkel zur Erinnerung an ihr tägliches Joggen. Erst als sie in das Gesicht ihrer Puppe für die Gegenwart einen Mund einzeichnete, fiel ihr auf, dass ihre kleinere und jüngere Puppe keinen Mund hatte. Als

Kind war sie in ihrem Schmerz sprachlos geblieben. Nun zeichnete sie auch in das Gesicht der kleineren Puppe einen Mund ein, um die mittlerweile erreichte Heilung und ihr Wachsen zu veranschaulichen.

Es dauerte einige Wochen, bis Maggie sich bereit fühlte, eine Puppe herzustellen, die ihre Zukunft repräsentierte. Sie beschloss, diese Puppe aus dem gleichen Stoff herzustellen, aus dem auch die anderen beiden Puppen bestanden, weil sie die Weiterentwicklung ihrer Persönlichkeit darstellen sollte. Allerdings wollte sie diese Puppe älter wirken lassen, weil ja auch sie in Zukunft älter sein würde. Sie färbte den restlichen Stoff in starkem schwarzem Tee, um die Puppe älter wirken zu lassen. Dann klebte sie als Augen zwei Sterne in das Puppengesicht, um die Weisheit des Alters zu symbolisieren.

Begeistert von der Idee, sich im Alter mehr Ausdruckskraft und vielleicht sogar eine gewisse Exzentrik zuzugestehen, besuchte Maggie Spielzeuggeschäfte und schaute sich dort nach Puppenkleidung um. Schließlich fand sie einen Hut, den sie mit einer leuchtend roten Rose und einem kleinen Schmetterling aus Papier dekorierte. Nach Maggies Auffassung ist die Zukunftspuppe noch nicht fertig, und möglicherweise wird sie in den kommenden Jahren noch um viele Dinge ergänzt werden. Ich fragte sie: »Was machen Sie, wenn Ihre Zukunftspuppe für all die Dinge, die Sie ihr hinzufügen wollen, zu klein wird?« Sie lächelte und antwortete: »Dann mache ich mir eine größere Zukunftspuppe, und bevor ich sie ausstopfe, stecke ich diese Puppe hier in die neue hinein, damit sie zu einem Teil der neuen wird. Vielleicht bringe ich einige der Dinge, die an dieser Puppe befestigt sind, an der größeren an, oder ich stopfe auch sie in die neue Puppe. Entscheidend ist doch, dass *ich* weiß, wo sie sind.«

Tanzen, Gedichte, Geschichten oder Theaterstücke schreiben, Malen, Zeichnen, Quilts herstellen, Singen – die Zahl der kreativen Pfade, die zum wahren Selbst führen, ist unermesslich groß. Der beste Anhaltspunkt ist, was Ihnen gefällt. Wenn Sie noch nicht genau wissen, was Sie tun sollen, können Sie über mehrere Wochen Möglichkeiten kreativen Ausdrucks erproben, bis Sie die Ihre gefunden haben.

In ihrem Buch *Der Weg des Künstlers* empfiehlt Julia Cameron, sich jede Woche bewusst Zeit für künstlerische Aktivitäten zu nehmen. Sie reservieren eineinhalb Stunden oder mehr Zeit für Aktivitäten, mit denen Sie sich normalerweise nicht beschäftigen würden, um die kreativen Aspekte Ihres wahren Selbst zu erforschen. Sie können auch einen Kurs, Museen oder Ausstellungen besuchen, sich in einem Geschäft für Kunstmaterialien umschauen oder einfach Ihren Launen folgen und experimentieren. Lassen Sie sich nicht von Ihrem »inneren Kritiker« einschüchtern. Die meisten kreativen Menschen erzielen trotz ihres inneren Kritikers Erfolge.

Insbesondere wenn Sie sich regelmäßig Zeit für Ihre künstlerischen Interessen nehmen, fördert dies Ihre Beziehung zu Ihrer kreativen Seite sehr wirksam.

Durch Entspannung und Spiel Ihr wahres Selbst finden

Es gibt viele Möglichkeiten, die Verbindung zu Ihrem wahren Selbst wiederherzustellen und es zu erforschen. Einige der wirksamsten Techniken bereiten gleichzeitig große Freude. Damit sind Situationen gemeint, in denen Sie sich ausruhen und regenerieren.

Nehmen Sie sich Zeit, um einfach zu sein

Vielleicht gestatten Sie sich ohnehin schon jeden Tag ein paar Minuten lang, einfach Sie selbst zu sein. Wenn ja, gehören Sie in der westlichen Gesellschaft einer sehr kleinen Gruppe an, denn die meisten Menschen in der westlichen Welt leben in ständiger Hektik. Sich jeden Tag 15 oder 20 Minuten Zeit zu gönnen, in der Sie keine Verpflichtung erfüllen müssen, sondern sich ausruhen, sich der Kontemplation widmen oder Ihren Geist frei schweifen

lassen, ist eine sehr nützliche Methode, zu Ihrem wahren Selbst in Beziehung zu treten. Es ist sinnvoll, zu Beginn einer solchen Ruhepause festzustellen, in welchen Bereichen Ihres Körpers Sie sich am wohlsten fühlen, und dann das Übergreifen dieses Behagens auf den restlichen Körper zu ermöglichen.

Ein Mini-Urlaub

Ich habe lange gebraucht, um den Unterschied zwischen Erschöpfung, Faulheit und Deprimiertheit zu erkennen. Oft hatte ich früher das Gefühl, es fehle mir völlig an Energie. Ich warf mir dann entweder Faulheit vor oder hielt mich für depressiv. Solchen Situationen müsse man mit Strukturierung und Aktivität begegnen – so hatte man mir beigebracht. Deshalb stellte ich mir eine Liste produktiver Aktivitäten zusammen, denen ich mich an solchen Tagen widmen wollte, und dann versuchte ich, sie so effizient wie möglich auszuführen.

Am folgenden Tag wurde ich regelmäßig krank. Gewöhnlich bekam ich Fieber, und Grippesymptome traten auf, mit denen ich einen oder auch mehrere Tage das Bett hüten musste. In letzter Zeit habe ich mir angewöhnt, mir bei den ersten Anzeichen für den Zustand, den ich früher als Faulheit oder Depression zu bezeichnen pflegte, Ruhe zu gönnen.

Vorige Woche war wieder einmal so ein Tag. Nachdem ich die Morgentoilette hinter mich gebracht, unsere Tiere gefüttert und einige dringende Telefonanrufe erledigt hatte, gestattete ich mir einen »Mini-Urlaub«. Ich setzte mich an den Kamin und trank Tee. Dann machte ich ein Nickerchen, hörte gute Musik, bestickte das Gesicht einer Stoffpuppe, las ein wenig, rief Freunde an und nahm schließlich ein langes geruhsames Schaumbad. Ein paar Stunden später kehrte ich erfrischt und voller Energie von meinem Mini-Urlaub zurück. Heute fühle ich mich ausgezeichnet.

Falls Sie ohnehin viel Zeit ohne feste Verpflichtungen haben, ist eine solche bewusste Auszeit für Sie nicht unbedingt nützlich,

und Aktivität ist für Sie ein besseres Mittel zur Regeneration. Doch wenn Sie normalerweise sehr aktiv sind und sich nun erschöpft oder müde fühlen, wird es Ihnen wahrscheinlich guttun, sich ein paar Stunden frei zu nehmen und sich einfach so sein zu lassen, wie es Ihrem aktuellen Bedürfnis entspricht. Dies verhindert nicht zuletzt, dass Sie krank werden.

> **Möglichkeiten**
> Würde ein Mini-Urlaub bei Ihnen so wie bei mir darin bestehen, dass Sie sich in Ruhe entspannen, oder wären Sie aktiver und würden Ihre gewohnte Umgebung für einige Stunden verlassen?

Fokussieren Sie Ihre Aufmerksamkeit

Die Aufmerksamkeit auf die Gegenwart zu fokussieren ist eine naheliegende Methode der Kontaktaufnahme zum wahren Selbst und der Intensivierung des Erlebens. Diese Fähigkeit ist uns angeboren, und wir können sie bei kleinen Kindern beobachten; leider verlieren die meisten Menschen sie bis zum Erwachsenenalter.

> Gestern Nachmittag sah ich im Supermarkt ein kleines Mädchen, das mit einer Mango in der Hand still auf dem Einkaufswagen seiner Mutter saß. Das Kind nahm die Umgebung gar nicht wahr, und sein Gesicht strahlte eine verzückte Aufmerksamkeit aus. Mit dem für kleine Kinder so typischen völligen Fehlen von Befangenheit drückte und streichelte es die Oberfläche der Mango, als versuche es, alle Geheimnisse des Wesens dieser Frucht zu ergründen.
>
> Weil ich dringend einige Telefonanrufe erledigen und Briefe schreiben musste, war ich durch den Supermarkt gehastet, um den Einkauf so rasch wie möglich hinter mich zu bringen. Doch als ich das wundervolle kleine Mädchen sah, verflüchtigte sich meine Hast augenblicklich. Das Kind lebte in jenem Augenblick glücklich im Reich seines wahren Selbst. Bei mir hingegen war das eindeutig nicht der Fall.
>
> Ich hatte den Supermarkt in Rekordgeschwindigkeit zu durchqueren versucht – auf Autopilot, während mein Geist sich anders-

wo herumtrieb. Nicht einmal die sommerliche Symphonie an Formen und Farben in der Obst- und Gemüseabteilung war mir aufgefallen. Die Sonnenuntergangsfarbe reifender Pfirsiche war mir völlig entgangen, ebenso die tiefroten Himbeeren und das Dunkelrot der Kirschen und dass sich die Düfte all dieser Früchte aufs Angenehmste mit dem beruhigenden Aroma frisch gebackenen Brots vermischten. Nachdem ich das kleine Mädchen gesehen hatte, bemühte ich mich, einen Gang herunterzuschalten und mich wieder auf den Augenblick zu konzentrieren.

Ein kleiner Schritt

Nehmen Sie sich nun einen Augenblick Zeit, um die Formen, Farben, Gerüche und Oberflächen in Ihrer Umgebung zu registrieren. Konzentrieren Sie sich auf das, was Sie dabei erleben.

Entspannungsmethode nach Erickson

Diese Entspannungsmethode hilft Ihnen, Ihre naturgegebene, durch schmerzhafte oder traumatische Erlebnisse beeinträchtigte Fähigkeit, den Augenblick zu genießen, wiederzugewinnen. Die Methode eignet sich auch zur Regeneration während eines hektischen Tages oder danach, und man kann sie benutzen, um nachts wieder besser zu schlafen.

Lesen Sie sich zunächst die Beschreibung dieser Technik aufmerksam durch. Sie sollten sie keinesfalls beim Autofahren oder während der Arbeit an Maschinen ausführen.

Ein kleiner Schritt

Setzen Sie sich so, dass Ihr Körper gut abgestützt ist. Richten Sie Ihre Augen auf einen angenehmen oder behaglichen Anblick. Oft eignen sich hierzu Naturszenen. In einer unangenehmen oder nicht entspannend wirkenden Umgebung ziehen Sie es vielleicht vor, sich eine schöne Postkarte oder ein anderes Objekt, das Ihnen gefällt, anzuschauen. Was es ist, spielt keine Rolle, solange das, worauf Ihr Blick gerichtet ist, nicht störend wirkt. Sie können auch eine glatte Wand anschauen.

> Konzentrieren Sie sich nur auf das, was Sie sehen, und benennen Sie fünf Objekte, auf die Ihr Blick fällt. Benennen Sie anschließend fünf Dinge, die Sie hören, und schließlich fünf Körperempfindungen, die Sie wahrnehmen. (Machen Sie sich keine Sorgen, wenn Ihnen keine fünf verschiedenen Dinge jeder Kategorie einfallen. Sie können ein Objekt ohne weiteres mehrmals erwähnen, beispielsweise: »Ich sehe einen Baum. Ich sehe den Baum immer noch.« Sie müssen alles, was Sie benennen, von Ihrem augenblicklichen Standpunkt aus vor sich sehen.)
>
> Nachdem Sie fünf Objekte für jede Kategorie benannt haben, wiederholen Sie das Ganze mit vier Objekten für jede Kategorie, also vier Dingen, die Sie sehen, vier Geräuschen oder Klängen und vier Körperempfindungen. Fahren Sie fort, indem Sie je drei Objekte für jede Kategorie benennen, dann je zwei für jede Kategorie und schließlich je eins für jede Kategorie.
>
> Sobald Sie bei je einem Objekt angekommen sind, können Sie entweder erneut mit fünf Objekten pro Kategorie beginnen oder einfach aufhören und das Gefühl genießen, intensiv den Augenblick zu erleben. Falls Sie in Verwirrung geraten oder den Kontakt zu dem Ort, an dem Sie sich befinden, verlieren, bevor Sie »eins« erreichen, können Sie einfach aufhören und das Gefühl tiefer Entspannung und der Kommunion mit Ihrem wahren Selbst genießen.

Wenn Sie während der Übung sehr müde sind, kann es passieren, dass Sie einschlafen. Tatsächlich können Sie sich mit Hilfe der obigen Übung vor dem Einschlafen entspannen; folgen Sie in diesem Fall den Anweisungen immer wieder, so lange, bis Sie einschlummern. Falls Sie dies in einem abgedunkelten Raum tun, in dem Sie nicht viel sehen, können Sie für die visuelle Kategorie auch einfach wiederholen: »Ich sehe den abgedunkelten Raum vor mir.« Und falls Sie die Übung lieber mit geschlossenen Augen ausführen wollen, können Sie die visuelle Kategorie ganz auslassen.

Sie können mit der Anwendung dieser Methode jederzeit aufhören und dann einfach nur die vollständige Verbindung zu dem, was Sie im gegenwärtigen Augenblick sehen, hören und

fühlen, erleben. Bei hypnotisch begabten Menschen erzeugt die Übung eine leichte hypnotische Trance. Dies ist ein Beispiel für die sogenannte Alltagstrance, die natürlicherweise entsteht, wenn Menschen in durch ein Alltagserlebnis hervorgerufene angenehme Empfindungen vertieft sind, beispielsweise in das Anschauen eines fesselnden Films, in die Betrachtung eines wunderschönen Sonnenuntergangs oder in den Genuss des Anblicks einer Mango, wie das kleine Mädchen im Supermarkt.

Falls Sie sich während oder nach der Übung in einen fokussierteren oder wacheren Zustand versetzen wollen, können Sie aufstehen und ein wenig umhergehen. Wenn Sie sich schläfrig oder »nicht ganz da« fühlen und »aufwachen« möchten, können Sie sich auch durch Zählen in den Zustand der Wachheit zurückversetzen:

1. Ich werde immer wacher und erfrischter.
2. Ich werde noch wacher.
3. Ich werde noch wacher und erfrischter.
4. Ich werde noch erfrischter.
5. Jetzt bin ich völlig wach und erfrischt.

Nehmen Sie sich nach der Entspannungsübung ein wenig Zeit, um sich auszuruhen und die Verbindung zu Ihren wahren Selbst wiederherzustellen.

In diesem Kapitel haben Sie zahlreiche Möglichkeiten kennengelernt, zu Ihrem wahren Selbst in Kontakt zu treten und es zu genießen. Schauen Sie sich die Abschnitte des vorliegenden Kapitels, die Ihnen besonders geholfen haben, noch einmal an. Im nächsten Kapitel werden Sie den Prozess der Rückkehr zu Ihrem wahren Selbst fortsetzen, indem Sie untersuchen, wie Sie die Qualität Ihres Alltagslebens zu Hause verbessern können.

Willkommen zu Hause!

*Wenn im Haus Harmonie herrscht,
herrscht Ordnung im Reich.
Wenn Ordnung im Reich herrscht,
herrscht Frieden in der Welt.*

Chinesisches Sprichwort

Das vorliegende Kapitel beschreibt Möglichkeiten, sich in der häuslichen Umgebung sofort wohler zu fühlen – durch kleine Feiern, Veränderungen der Raumgestaltung, gefällige und bequeme Einrichtung und die Förderung einer positiven Geisteshaltung.

Die Geschenke des Alltags annehmen

In diesem Kapitel wird erforscht, wie Sie Ihr Alltagsleben zu Hause noch erfreulicher gestalten können. Wenn Menschen in ihrer Kindheit Missbrauch, Misshandlung oder Vernachlässigung erlitten haben, fragen sie sich oft, ob sie es verdienen, Gutes zu erleben.

> Connie, Geschäftsführerin in einer florierenden ärztlichen Praxis antwortete auf diese Frage: »Die Arbeit für ein gemütliches Zuhause, das mir gefällt, das Entwickeln täglicher Rituale, die mich in eine gute Stimmung versetzen, wären in der Familie, in der ich aufgewachsen bin, als unwesentlich oder sogar als egoistisch abgetan worden. Es hätte geheißen, das sei ja so, als würde ich mir ohne jeden Grund täglich ein Geschenk machen. Habe ich das wirklich verdient?«
>
> Einen Monat später hatte sich Connies Sicht deutlich verändert: »Nachdem ich diese Dinge ein paar Wochen lang getan hat-

te, wurde mir klar, dass meine Bemühungen, mir zu Hause selbst Gutes zu tun, sich auf mein gesamtes Leben auswirkten. Weil meine eigenen Bedürfnisse erfüllt wurden, war ich geduldiger und toleranter gegenüber meiner Familie und gegenüber anderen Menschen sowohl im Privatleben als auch im Beruf. Meine Beziehungen entwickelten sich sehr positiv.«

Unabhängig davon, ob man Ihnen in Ihrer Kindheit beigebracht hat, sich selbst etwas Gutes zu tun, oder nicht – und vielleicht sogar in noch stärkerem Maße, wenn dies nicht der Fall war –, haben Sie ein Recht auf positive persönliche Rituale und ein schönes Zuhause. Bedenken Sie, dass die Fähigkeit, sich selbst Gutes zu tun, Ihre Fähigkeit, auch anderen Gutes zu tun, stärkt.

Der Segen täglicher Rituale

Wenn ich als kleines Mädchen um vier Uhr nachmittags aus der Schule nach Hause kam, saß meine Mutter stets am Tisch und trank eine Tasse Tee. Meist war eine Freundin bei ihr zu Besuch, aber auch wenn sie allein war, gönnte sie sich diese Pause, bevor sie anfing, das Abendessen zuzubereiten.

Oft setzte ich mich zu ihr. Der kleine Raum, in dem sie ihren Tee trank, bot einen Ausblick auf einen alten Birnbaum, der die Jahreszeiten unseres Teerituals spiegelte. Ich erinnere mich noch gut an ihr Lachen an einem Nachmittag im Herbst, als sie erzählte, sie habe gesehen, wie unsere alte dicke Katze unter diesem Birnbaum herumsprang, um jedes zu Boden segelnde Blatt zu fangen.

Noch später im Jahr hoben sich die Zweige des Birnbaums vor dem grauen Winterhimmel ab, bis die hellen Frühlingsblüten sie wieder beleuchteten und Vögel zwitschernd versprachen, im Sommer wiederzukommen, um sich an den dann zu Boden fallenden reifen Früchten gütlich zu tun. Das Teetrinken war für meine Mutter eine kleine, unspektakuläre tägliche Zeremonie, die aber auch mein Leben um eine beruhigende Kontinuität bereicherte – und wie ich vermute, auch ihr Leben. Da unsere Familie

> im Laufe der Jahre oft umgezogen ist, könnte das Teetrinken diese Umgebungswechsel erleichtert haben, denn es war im Alltagsgeschehen unseres Haushalts eine feste Institution.
>
> Heute halte ich, ebenso wie früher meine Mutter, um vier Uhr nachmittags inne, ganz gleich, womit ich gerade beschäftigt bin. Doch ich habe statt des Teetrinkens eine andere Zeremonie entwickelt: Ich gehe in den Garten und lausche. Nach kurzer Zeit höre ich die Hufschläge wilder Elche, die zu einem Teich im Tal laufen. Schon bald sehe ich sie verspielt über Wildblumen und Tannenkeimlinge springen und dann hinter dem Hügel verschwinden. Auch ihr Tageslauf scheint einem festen Rhythmus zu folgen.

In der modernen Welt mit ihrem rasenden Tempo werden einfache Rituale, die uns helfen, uns wohl zu fühlen, immer wichtiger. So unterschiedlich solche Rituale von Mensch zu Mensch sein mögen, sie geben doch alle dem Alltagsleben eine persönliche Note und bereichern es. Es macht mir Freude, die Alltagsrituale der Menschen in meiner Umgebung zu beobachten. Meine Freundin Linda übt jeden Morgen Yoga. David trinkt morgens eine Tasse Dufttee. Bevor Paula zur Arbeit aufbricht, schaut sie in ihrem Garten, welche Arbeiten anfallen, und freut sich den ganzen Tag über auf die abendliche Gartenarbeit. Diese hilft ihr, mit dem Auf und Ab des Alltagslebens fertig zu werden. Sie sagt, ihre Großmutter habe es genauso gemacht: Sie habe jedes Mal, wenn sie sich über irgendetwas aufgeregt habe, die Gartenhacke genommen und während der Arbeit damit nachgedacht, um einen klaren Kopf zu bekommen.

Mark und Julie gehen jeden Morgen vor der Arbeit in den Hügeln in der Nähe ihres Hauses spazieren. Michael schneidet in seinem Garten Blumen und nimmt sie mit zur Arbeit, um für eine friedliche Stimmung zu sorgen. Charlie nimmt sich während der Arbeitszeit ein paar Minuten frei, um auf seinem Computer Solitär zu spielen. Danach ist er erfrischt und entspannt und kann sich seinen Aufgaben mit neuer Kreativität widmen.

Steve geht jeden Abend vor dem Zubettgehen spazieren. Luke hört sich sonntags morgens klassische Musik an und bügelt dabei seine Hemden für die kommende Woche. Insoo empfindet Reinigungsarbeiten im Haus als beruhigend und zentrierend. Von einigen Bekannten habe ich gehört, es entspanne sie, Schränke und Schubladen aufzuräumen, weil sie sich während einer manuellen Tätigkeit der Klärung ihrer Gedanken und der Erforschung kreativer Ideen widmen können.

Mein Mann geht jeden Morgen, bevor er die Zeitung liest oder mit irgendjemandem spricht, nach draußen und füttert Wildvögel, die sich vor unserem Küchenfenster versammeln. Dann bleibt er ein paar Minuten still, während er Kaffee trinkt und dem Gesang und den Gesprächen der Vögel zuhört. Und meine Katze sitzt jeden Abend mit verträumtem Blick vor dem Kamin. Marilyn stickt jeden Abend eine Stunde lang und schaut sich dabei im Fernsehen die Abendnachrichten an. Die rhythmischen Nadelstiche erinnern sie daran, sich zu beruhigen und den gegenwärtigen Augenblick zu genießen. Als ihre drei Kinder noch Teenager waren, half die Nadelarbeit ihr, mit dem Stress fertig zu werden, den Eltern von Jugendlichen nun mal erleben, und gab ihr die dringend nötige Ruhe, wenn sie abends auf die Rückkehr ihrer Kinder wartete. Obwohl diese mittlerweile verantwortungsbewusste Erwachsene sind, profitiert Marilyn weiterhin von ihrem abendlichen Stickritual. Bei jedem Stich wird ihre Atmung ruhiger und gleichmäßiger. Nach einer Stunde sind ihre Augen und Hände müde, und ihr Geist hat sich entspannt.

Michael, ein vielbeschäftigter Anwalt mit sehr vollem Terminkalender, joggt jeden Morgen bei jedem Wetter und ganz gleich, wo er gerade ist. Während die meisten Menschen trainieren, um ihren Körper in Form zu bringen, tut Michael dies um seines Geistes willen. Er sagt, das Laufen früh am Morgen entferne die »Spinnweben« aus seinem Kopf, und er fühle sich danach den ganzen Tag über wacher. Seit mehreren Jahren wandert Debra

jeden Monat bei Vollmond mit einigen Freundinnen durch einen Bergwald. Sie tun dies im leichten Frühlingsregen, bei starkem Schneefall, an friedlichen Sommerabenden und bei jeder anderen Art von Wetter. Die Wirkung ist immer ein Staunen über die Schönheit der Natur und eine Stärkung der Freundschaft zwischen den Frauen.

Angela entzündet jeden Abend unmittelbar vor dem Zubettgehen ein nach Sandelholz duftendes Räucherstäbchen, das sie in einen dafür vorgesehenen Halter steckt. Beim Einschlafen genießt sie den herrlichen Duft, dessen dezente Spuren noch am Morgen das ganze Haus erfüllen. Louise, eine vielbeschäftigte Mutter von sieben Kindern im schulpflichtigen Alter, hat mir erzählt, dass sie sich jeden Abend ein wenig Zeit nimmt, um an einem Quilt zu arbeiten. Sie ist oft zu müde, um sich so tief zu entspannen, dass sie einfach ruhig dasitzen und sich ausruhen kann, obwohl sie weiß, dass das gut für sie wäre. Doch wenn sie Nadel und Faden in Händen hält, gelingt ihr der Wechsel von Geschäftigkeit zu einem Gefühl der Ruhe.

Aus dem gleichen Grund, aus dem Louise an einem Quilt arbeitet, liest Kerry abends einen Roman. Menschen, die ich nach ihren Ritualen gefragt habe, bezeichnen das abendliche Lesen oft als einen wichtigen Teil ihres Lebens. Viele erklärten mir, wenn sie gestresst seien, führe der »Versuch«, sich so zu entspannen, dass sie schlafen könnten, im Allgemeinen zu noch mehr Rastlosigkeit; doch einige Minuten zu lesen ermögliche es ihnen, sich mühelos in einen Zustand der Ruhe zu versetzen. Was Menschen vor dem Einschlafen lesen, ist unterschiedlich. Doch wir sollten die Bücher, die wir spät abends lesen, oder die Fernsehsendungen, die wir uns anschauen, ganz bewusst auswählen, weil das, was wir vor dem Einschlafen hören oder sehen, unsere Träume beeinflussen kann.

Carla führt jeden Abend vor dem Zubettgehen ein paar Minuten lang Dehnübungen aus. Sie behauptet, diese Bewegungen beruhigten gleichzeitig ihren Geist und entspannten ihren Kör-

per. Bevor sie sich dies angewöhnte, wachte sie jeden Morgen mit steifen Muskeln auf. Nun kommt sie viel leichter aus dem Bett – bereit, den neuen Tag zu begrüßen. Für mich ist Schreiben ein wichtiges Ritual. Ich führe seit über 20 Jahren Tagebuch. Wenn ich zu viele Tage in Folge nichts in dieses Buch schreibe, werde ich rastlos und reizbar. Ich habe schon in überfüllten Bussen und Zügen geschrieben, während einer Fahrt mit einem Einbaum auf einem sumpfigen Fluss im mittelamerikanischen Regenwald, in primitiven strohgedeckten Hütten und in eleganten europäischen Cafés. Die Wirkung ist stets die gleiche: Mein Kontakt zu mir selbst wird gestärkt, ich empfinde die Welt, die mich umgibt, als wertvoll, und in Verbindung damit entsteht ein Gefühl des Friedens.

> **Möglichkeiten**
> - Welche täglichen Rituale haben Sie?
> - Welche täglichen Zeremonien, die Ihnen gefallen, haben Sie bei anderen beobachtet?
> - Möchten Sie irgendetwas davon in Ihr eigenes Leben integrieren? Wenn ja, dann wählen Sie ein Ritual, das Ihnen besonders zusagt, oder erfinden Sie selbst ein Ritual und experimentieren Sie in der kommenden Woche damit.

Trost durch Essen

Nahrungsaufnahme kann beruhigend wirken und ein festliches Ritual sein. Trotz der allgemeinen Beliebtheit von Fastfood und Fertiggerichten und der gesteigerten gastronomischen Raffinesse im Zeitalter der globalen Küche mit ihren vielfältigen ethnischen Einflüssen sehnen sich die Menschen weiterhin nach den einfachen Gerichten ihrer Kindheit – nach dem sprichwörtlichen »Futter für die Seele«.

Als ich voriges Jahr ein Seminar in Belgien leitete, wohnte ich bei einer Kollegin, die dort in einem kleinen Dorf lebt, in dem schon die Vorfahren ihrer Urgroßmutter gelebt hatten. Als ich am Abend müde war, beschloss ich, vor dem Essen ein kurzes Nickerchen zu halten. Ich erwachte nach einer Weile mit einem sehr behaglichen Gefühl.

Schon bald wurde mir klar, woher dieses positive Gefühl stammte. Die Düfte, die aus der Küche in mein Zimmer strömten, waren mir sehr vertraut; es waren die gleichen, die ich viele Male in der Küche meiner eigenen Großmutter gerochen hatte! Meine Gastgeberin, eine begabte Köchin, hatte ein typisch belgisches Gericht zubereitet. Dieses Rezept war offenbar auch mit meiner Urgroßmutter Flavia über das Meer gereist, und sie hatte es an ihre Tochter weitergegeben.

Möglichkeiten
- Welche Speisen assoziieren Sie mit Behagen und Wohlgefühl?
- Haben diese Speisen in Ihrem augenblicklichen Leben einen Platz? Falls nicht: Könnten diese Speisen in einer angespannten Zeit für Sie eine Quelle des Trostes oder der Beruhigung sein?

Als ich einmal eine Reihe von Personen darüber befragte, was sie unter Festritualen verstünden, nannten viele bestimmte Speisen. Einige erwähnten besonders teure Gerichte und Getränke: Champagner, Kaviar und Hummer. Aber nicht alle Speisen, die mit Festlichkeiten assoziiert werden, sind zwangsläufig teuer. Einige Speisen, die Menschen mit ähnlichen freudigen Anlässen assoziieren, rufen einfach aufgrund dieser Assoziation festliche Gefühle hervor.

Für Kathleen wäre ein Erntedankfest ohne die Kastanienfüllung des Truthahns, so wie ihre Mutter sie zubereitete, undenkbar. Keith erklärte, dass er die für den Mittleren Westen typische Tradition, eingemachtes Obst in Schalen voller »surrealistisch gefärbter Gelatine« zu servieren, zwar hasse, sich aber ein Weihnachtsfest ohne den Zitronengelee mit Aprikosen seiner Groß-

mutter Delores nicht vorstellen könne. Deshalb bereite er diese Nachspeise jedes Jahr zu Weihnachten zu – zur Freude und zum gespielten Entsetzen seiner Partnerin.

> Wir können aber auch selbst eine Tradition neu begründen. Als Teenager begann ich damit, zu Weihnachten für meine ganze Familie Lebkuchenmänner zu backen, weil ich den Duft und Geschmack von Lebkuchen über alles liebte. Mittlerweile backe ich seit 30 Jahren jedes Jahr Lebkuchen. Diese Tradition, die ich nicht von einem älteren Mitglied unserer Familie übernommen habe, ist für mich sehr wichtig geworden.
> Andere Speisen, die ich nicht aus meiner Kindheit kenne, die ich aber im Laufe der letzten 15 Jahre so oft zubereitet habe, dass sie zu meiner eigenen Tradition geworden sind, sind ein stark gewürzter Schokoladen-Brot-Pudding aus dem Südwesten der USA sowie ein Gumbo mit Hühnchen und einer Art Saumagen aus New Orleans. Ich serviere diese Gerichte bei festlichen Anlässen, und es ist schon häufig vorgekommen, dass Freunde mich vor einem gemeinsamen Essen anrufen und mich bitten, doch unbedingt diese Gerichte auf den Speiseplan zu setzen. Übrigens gehören für mich enge Freunde ebenso zur Familie wie meine Verwandten.

Zwar mag es Ihnen zunächst ein wenig merkwürdig erscheinen, selbst eine neue Tradition zu begründen, doch hat dies viele Vorteile. So können gesündere oder farbenfrohere und attraktivere Speisen, die Sie als neue Tradition einführen, für Ihre Nachkommen zu einem wichtigen Erbe werden.

Falls es in Ihrer Ursprungsfamilie »üblich« war, an Feiertagen zu streiten oder gar gewalttätig zu werden, kann es sein, dass die traditionellen Speisen, die mit diesen Anlässen verknüpft waren, bei Ihnen Traurigkeit hervorrufen. In solchen Fällen ist die Einführung neuer Festtagsspeisen oder neuartiger Zubereitungen solcher Gerichte bei Ihren eigenen Festen von besonderer Bedeutung. Speisen, die etwas Besonderes sind, sich aber von dem unterscheiden, was Ihre Familie bei entsprechenden Gelegenheiten

gegessen hat, können Ihnen helfen, schmerzhafte Erinnerungen zu überwinden und mit zukünftigen Festen eine neue, positive mentale Assoziation zu verknüpfen. Und wenn Sie einige Jahre lang an Festtagen regelmäßig Ihre eigenen Spezialitäten zubereiten und servieren, werden auch diese Gerichte zu einer Tradition werden und eine ritualartige Atmosphäre erzeugen.

Wenn Sie für Ihre eigenen Feiern und für besonderen Anlässe gern neue kulinarische Traditionen entwickeln und hierfür Ideen sammeln wollen, werden Ihnen Bücher über verschiedene Nationalküchen gute Dienste leisten. Auch moderne Kochbücher, in denen leichte und gesunde Speisen beschrieben werden, können nützliche Ideen liefern. Wählen Sie unter den Traditionen, die Sie interessieren, das aus, was Ihnen für die Entwicklung einer persönlichen Tradition besonders geeignet erscheint.

> **Möglichkeiten**
> - Welche Gebräuche assoziieren Sie am stärksten mit festlichen Anlässen?
> - Gibt es neue Speisen, die Sie sich für zukünftige Feste oder für andere saisonale Feiern wünschen?
> - Würde es Ihnen gefallen, neue Ideen aus Kochbüchern oder aus den Rezeptsammlungen von Freunden auszuprobieren?
> - Was könnte der erste Schritt beim Aufbau einer neuen eigenen Tradition für festliche Anlässe sein?

Umgeben Sie sich mit dem, was Sie mögen

Ihr Heim ist Ihr privates Heiligtum, das sowohl ästhetisch ansprechend als auch funktional sein sollte. Streichen Sie die Wände, Böden und Arbeitsplatten in Ihren Lieblingsfarben und verwenden Sie zur Gestaltung Materialien, die Ihnen besonders gefallen. Schmücken Sie die Räume mit Ihren Lieblingsobjekten. Gestalten Sie alles so, wie es Ihren persönlichen Vorstellungen entspricht.

Bringen Sie Farbe ins Haus

Welche Farben heben Ihre Stimmung? Mögen Sie eher warme oder eher kühle Farben? Empfinden Sie Pastellfarben als beruhigend? Fühlen Sie sich durch leuchtende, intensive Farben gestärkt und erfrischt? Oder ziehen Sie eine einheitliche Farbe vor, die durch Holztöne ein wenig Wärme gewinnt? Vielleicht liegen Ihnen ja auch die beruhigenden Töne neutraler Farben wie Weiß, Schwarz, Grau oder Hellbraun besonders.

> Seit meiner Kindheit bin ich verrückt nach einer Kombination aus leuchtendem Blau und Gelb. Bevor ich dies hier zu schreiben begann, war ich in meinem Garten, um die intensiv gelbe Schafgarbe zu schneiden und die Stängel in eine kleine kobaltblaue Glasvase und in Flaschen in der gleichen Farbe, die ich über die Jahre gesammelt habe, zu stellen. Leider liebt eine Population winziger Insekten die Schafgarbe ebenso sehr wie ich; deshalb muss ich jede Blüte einzeln waschen, bevor ich sie ins Haus bringe. Das ist zwar sehr aufwändig, aber die Mühe wert, weil ich mich jedes Mal so wohl fühle, wenn ich in die Küche komme und mich an den Dutzenden von kleinen blaugelben Sträußen auf den Fensterbänken erfreue. Und warum mache ich mir diese Mühe? Weil es mich glücklich macht.

Möglichkeiten
- Welche Farben, Objekte, Gewebe, Möbel und anderen Dinge assoziieren Sie mit Wohlbefinden?
- Wie können Sie einigen dieser Vorlieben in Ihrer häuslichen Umgebung einen Platz einräumen?
- Was wäre der erste Schritt auf dem Weg zur Umsetzung dieser Idee?

Es gibt viele Möglichkeiten, die Farben, die Ihnen besonders gefallen, in Ihrem Heim zur Geltung kommen zu lassen. Althea sammelt Stoffstücke in ihrer Lieblingsfarbe und verteilt sie de-

korativ in ihrem Haus. Sie erklärt: »Das ist meine Art, Stoffe aufzubewahren!« Aus einigen der Stoffstücke hat sie Kleidungsstücke oder Laken genäht. Andere bleiben dekorativ drapiert jahrelang an einer bestimmten Stelle liegen, oder Althea schenkt sie irgendwann Freunden, Verwandten oder einer wohltätigen Organisation. Nicht nur an den Fenstern, sondern überall in ihrem Haus befinden sich Vorhangstangen, und es macht ihr große Freude, selbstgefertigte Vorhänge daran aufzuhängen, nicht nur um der Vielfalt willen, sondern auch zum Schutz ihrer Privatsphäre.

Als Samantha einmal in der Nähe ihres Hauses am Pazifik spazieren ging, stolperte sie buchstäblich über ein Stück wunderschönes grünes Glas, genau in ihrer Lieblingsfarbe. Die vorher scharfen Ränder waren abgerundet, von Sand und Wasser abgeschliffen. Sie verliebte sich in die grüne Tönung des Glases und suchte während ihrer täglichen Strandspaziergänge nach ähnlichen Glasscherben. Ihr Haus ist mittlerweile mit vielen wunderschön geschliffenen grünen Glasstücken geschmückt, die alle Geschenke des Meeres sind.

Joanna begeistert sich für viele verschiedene Farben. Im Frühling und Sommer bevorzugt sie beruhigende Pastelltöne. Wenn sich in dem Dorf in Neuengland, wo sie lebt, im Herbst die Blätter verfärben, sehnt sie sich nach Rostrot, Gold und Braun, und im Winter, so sagt sie mit der für sie typischen Begeisterung, »kann ich einfach nicht genug Rot bekommen«. Obwohl Joanna nicht reich ist, hat sie eine Möglichkeit gefunden, ihren großen Hunger nach Farben zu stillen. Das Innere ihres kleinen Hauses wirkt mit seinen weißen Wänden neutral. Ihre wenigen Möbelstücke sind in abwaschbare cremefarbene Überzüge gehüllt. Die ebenfalls cremefarbenen Bezüge der Schmuckkissen, die auf den Möbeln liegen, sind waschbar. Diese und die Tischdecke auf dem Küchentisch wechselt sie je nach Jahreszeit.

Wandfarbe ist ein bewährtes Mittel bei der Gestaltung eines Hauses. Ein Innenausstatter hat einmal zu mir gesagt, ein neuer

Anstrich sei eine der lohnendsten Investitionen in unsere Wohnumgebung, wenn man die Wirkung bedenke. Übrigens verkaufen einige Malerfachgeschäfte und Baumärkte bestellte und nicht abgeholte, reklamierte und übrig gebliebene Farben, die nach Kundenwünschen gemischt wurden, zu stark herabgesetzten Preisen.

Aber Farbe ist nicht nur etwas für Wände. Mein Freund Richard hat eine besondere Vorliebe für Violett. Eines Tages nahm er sich einen Pinsel und bemalte an den ungewöhnlichsten Stellen seiner Wohnung kleine Bereiche in einer wunderschönen Violettschattierung. Anschließend machte er es mit den Außenwänden seines Hauses und seiner Garage ebenso. Eine der letzten Verzierungen, die er auf diese Weise anbrachte, war das in Violett gemalte Wort »Ja!«. Wenn ich ihn besuche, freue ich mich jedes Mal über diesen violetten Überschwang. Ich vermute, dass dieser Einfall Richard, seine Frau und seine Tochter jeden Tag positiv beeinflusst.

Meine Schwester Laura hat eine besondere Vorliebe für Möbeloberflächen in leuchtenden Farben. Als Mutter eines einfallsreichen, aktiven Sohnes war ihr klar, dass die empfindlichen Oberflächen der Möbel, die sie in Geschäften bewundert hatte, dem Spieltrieb ihres Jungen nicht standhalten würden. Deshalb nahm sie die Dinge buchstäblich in die eigenen Hände. Weil sie mit Farbwirkungen experimentieren wollte, sammelte sie alte Stühle, Tische und Schränke aus Holz, die so marode wirkten, dass niemand außer ihr sie haben wollte.

Diese Möbel bemalte Laura, und im Laufe der Zeit entwickelten sich ihre Mal- und Gestaltungskünste allmählich zu einer gewissen Kunstfertigkeit. Mittlerweile lebt sie in der wunderbar farbenfrohen Umgebung, von der sie einmal geträumt hat, und sie braucht sich wegen eventueller Spuren der Streiche ihres Kindes auf dem Mobiliar keine Sorgen mehr zu machen. Sie kann die Möbel ja jederzeit neu streichen!

Zurück zur Natur

Lieben Sie die Gesellschaft anderer Lebewesen? Vielleicht wirken farbige Fische in einem Aquarium, die sich ständig bewegen, besonders entspannend auf Sie. Oder Sie bevorzugen die Zuneigung eines treuen Hundes oder einer anhänglichen Katze. Oder empfinden Sie Pflanzen in Ihrem Heim als eine angenehme Bereicherung? Wenn Sie eine besondere Vorliebe für den Wald haben, möchten Sie vielleicht einen lebenden Baum in Ihrem Haus haben. Und falls Sie die Wüste lieben, könnte ein Kaktus jenes innere Bild offener Weite bei Ihnen hervorrufen, das Ihre Seele beruhigt. Grüne Pflanzen und Bäume reinigen die Luft und geben Ihren Alltagsaktivitäten gleichzeitig einen grünen Hintergrund.

Ein Paar, das ich kenne, lebt in den Rocky Mountains, liebt aber auch das Meer. Auf Regalen im Badezimmer des Hauses der beiden befinden sich zahlreiche große und kleine Muscheln, die sie in vielen Urlauben am Strand gesammelt haben. Solche Schmuckstücke kosten nichts außer Zeit, sie sind aber wunderschön und wecken die Erinnerung an wichtige Erlebnisse. Im Büro einer anderen Bekannten hängt ein Foto, auf dem zu sehen ist, wie sie mit Delfinen schwimmt.

Möglichkeiten
- Was gefällt Ihnen besonders gut in freier Natur?
- Wie könnten Sie dies in Ihrem Zuhause zur Geltung bringen?

Freude an Oberflächen

Dass bestimmte Arten von Oberflächen Behagen hervorrufen, wird häufig übersehen. Der 18 Monate alte Daniel quiekt vor Vergnügen, wenn seine Zehen Samt berühren. Sammy, meine Katze, hat eine Vorliebe für frisch gewaschene Baumwollstoffe. Wenn sie sich auf der Bettdecke zusammenrollt, fängt sie laut an zu schnurren.

> **Möglichkeiten**
> - Bevorzugen Sie glatte oder raue Oberflächen?
> - Falls Sie die Wahl hätten, würden Sie als Oberfläche für Ihren Lieblingsstuhl Leder, Holz, Samt, Leinen, Baumwolle oder Seide bevorzugen?
> - Welche Art von Oberfläche ist Ihnen am angenehmsten?

Wenn Sie sich nicht sicher sind, welche Art von Oberfläche Sie besonders mögen, können Sie sich in einem Geschäft für Stoffe oder für Polsterarbeiten Stoffproben ansehen, sie befühlen und herausfinden, welche Ihnen am angenehmsten sind. Natürlich kann man sich an Oberflächen und Strukturen von Stoffen und Mobiliar aber nicht nur mit Händen und Augen freuen. Der chilenische Dichter Pablo Neruda pflasterte in seinem Haus in Isla Negra einen Flur mit kleinen abgerundeten Steinen, weil er das Gehen mit nackten Füßen über diese unebene Oberfläche liebte. In dem einfachen Garten vor unserem Wohnzimmer habe ich aus dem gleichen Grund kriechenden wolligen Thymian gepflanzt: Ich empfinde es als äußerst angenehm, mit nackten Füßen darauf zu gehen. Und als kürzlich meine Mutter zu Besuch bei mir war, begeisterte sie sich für die weiche, schon oft gewaschene Bettwäsche aus Baumwolle, mit der ich ihr Bett bezogen hatte. Diese erinnerte sie an ein Gefühl, das sie zuletzt im Bett ihrer Jungmädchenzeit erlebt hatte.

Alan sammelt Körbe, und zwar möglichst alte in verschiedenen Stadien des Verfalls. Ihm gefällt ihr Anblick und wie sich ihre abgenutzten Oberflächen anfühlen. Er stellt sie auf der Gartenmauer aus, so dass man sie nicht nur anschauen, sondern auch berühren kann. Betsy schwört, ihr Tee schmecke besser, wenn sie um eine dünne Porzellantasse greife.

Die Möglichkeiten, sich an Oberflächenbeschaffenheiten zu erfreuen, sind so grenzenlos wie Ihre Vorstellungskraft. Lassen Sie sich von Ihren Händen, Ihren Augen und Ihrer Kreativität führen, und nehmen Sie sich die Zeit, sich vorzustellen, wie Sie

die Oberflächenstrukturen, die Ihnen besonders gut gefallen, in Ihrer häuslichen Umgebung zur Geltung bringen können.

Kunst im eigenen Heim

Die ersten Kunstwerke habe ich zusammen mit meinem Mann gekauft, bevor wir uns Möbel anschafften, weil es uns wichtiger war, unsere Augen zu erfreuen, als unseren Körper zu verwöhnen. Trotzdem lag unser Geschmack häufig jenseits unserer finanziellen Möglichkeiten. Deshalb mussten wir uns manchmal mit signierten Postern und Lithographien oder Massenreproduktionen anstelle von Originalen unserer Lieblingskünstler begnügen.

> Wenn für mich als junge Frau, die alle Hände voll damit zu tun hatte, schlicht über die Runden zu kommen, selbst Poster unerschwinglich waren, tat ich etwas, das schon meine Großmutter und meine Mutter getan hatten: nach Schönem Ausschau halten, wo immer ich es finden konnte. Glücklicherweise brauchte ich nicht lange zu suchen. Dank meiner großen Familie, in der es immer kleine Kinder gab, hat es mir nie an farbenfrohen kreativen Fingermalereien, Zeichnungen und Lehmskulpturen gemangelt. Jedes dieser kleinen Kunstwerke war ein Schatz, der die persönliche Welt eines Kindes ausdrückte. Picasso hat einmal gesagt: »Es dauert lange, bis man sehen kann wie ein Kind.«

Aber vielleicht gefallen Ihnen ja auch Kunstwerke von Erwachsenen. Wenn Sie sich noch nicht sicher sind, welche Art von Kunst Ihnen am meisten zusagt, sollten Sie einige Galerien und Museen besuchen. Ein Spiel, das man bei Museums- und Galeriebesuchen sowohl mit Kindern als auch mit Erwachsenen spielen kann, besteht darin, so zu tun, als dürfe man sich ein Kunstwerk aus einer solchen Sammlung auswählen und mit nach Hause nehmen. Beim Besuch einer Ausstellung darüber nachzudenken, welches Werk man wählen würde, hilft, den eigenen Kunstgeschmack zu entwickeln.

Versuchen Sie sich vorzustellen, Sie würden viele Jahre lang mit diesem Kunstwerk leben. Wie würde es in den verschiedenen Räumen Ihres Hauses wirken? Kaufen Sie Kunstwerke nie, wenn Sie unter Druck stehen, insbesondere nicht, wenn der Kauf mit hohen Kosten verbunden ist. Verlassen Sie die Galerie nötigenfalls noch einmal, bevor Sie sich endgültig entscheiden, damit Sie in aller Ruhe und ohne vom Verkäufer bedrängt zu werden über Ihr Vorhaben nachdenken können.

Falls Sie Kunst lieben, aber im Augenblick für derartige Investitionen keinen finanziellen Spielraum haben, brauchen Sie nicht zu verzweifeln. Manchmal kann man Kunstwerke in Raten bezahlen; in anderen Fällen lässt sich ein Künstler darauf ein, dass Sie als Bezahlung für ihn eine Arbeit übernehmen, die Ihnen besonders liegt. Falls Sie in der Nähe einer Kunsthochschule leben, können Sie sich informieren, ob und wann in dieser Institution Verkaufsausstellungen mit Werken begabter Studenten veranstaltet werden.

> Nick liebt gute Kunst, und er war überglücklich, als er in ein geräumiges Haus zog, in dem es viele leere Wände für die gerahmten Originalbilder gab, die ihm so gut gefielen. Leider sind die Kunstwerke, die er bevorzugt, für ihn zurzeit finanziell unerschwinglich. Doch die Vorstellung, jeden Abend in ein Haus mit kahlen Wänden zu kommen, während er sparte, um sich irgendwann ein wirklich gutes Bild leisten zu können, deprimierte ihn.
>
> Deshalb beschloss Nick, als Zwischenlösung Kunstdrucke an die Wände zu hängen, die er seit Jahren aus zahlreichen Kunstmuseen zusammengetragen hatte. Individuell mattiert und in schöne alte Rahmen gefasst, die er in Trödelläden gefunden und neu gestrichen hatte, gaben diese Drucke einige der besten Kunstwerke der Welt wieder und erinnerten Nick an seine Lieblingsmuseen. Seine Besucher wollen meist nicht glauben, dass die Drucke in geschmackvollen Rahmen, die ihnen meist gut gefallen, nichts weiter als Massenware sind.

Auszuwählen, was Ihnen besonders gefällt, ist bei Kunstkäufen die beste Richtschnur. Damit Sie ein Gemälde, eine Skulptur oder ein anderes Kunstwerk auch nach längerer Zeit noch »sehen« können, ist es manchmal nützlich, ihm hin und wieder einen anderen Platz zu geben.

> **Ein kleiner Schritt**
> Der erste kleine Schritt, wenn Sie die Kunst in Ihr Heim einziehen lassen wollen, besteht darin herauszufinden, welche Art von Kunst Ihnen besonders gefällt. Haben Sie schon damit begonnen?

Räumen Sie mal um

Die Platzierung von Möbeln und anderen Objekten in Ihrem Heim sollte Ihrer Lebensweise entsprechen und sie widerspiegeln. Die Einrichtung sollte sich einerseits an Ihren Bedürfnissen orientieren – Ihnen ermöglichen, sich zu entspannen, zu arbeiten und das Leben zu genießen –, aber andererseits auch attraktiv sein. Vor allem aber sollten Sie in Ihrer häuslichen Umgebung neue Kraft für den Alltag schöpfen können.

Die Askese der Ordnung

Als kleines Kind stand ich unter dem Einfluss meiner Großmutter mütterlicherseits, was Sauberkeit und Ordnung betraf. Als sie eines Tages mit viel Energie das Spülbecken in der Küche reinigte, sagte sie zu mir: »Vonnie, Dreck kann ein wunderschönes Haus in eine Müllhalde verwandeln, und Sauberkeit kann auch in der bescheidensten Hütte eine Atmosphäre des Friedens und der Schönheit schaffen. Vergiss das nie.«

So, wie sie dies sagte, hatte ich das Gefühl, sie vertraue mir ein wichtiges Geheimnis an, wahrscheinlich eines, das sie von ihrer eigenen Mutter oder Großmutter hatte. Ihr Haus zu reinigen war

für sie eine Art, Frieden und Schönheit nicht nur wiederherzustellen, sondern neu zu schaffen. Nachdem sie mir ihr Geheimnis mitgeteilt hatte, gewöhnte ich mir an, morgens immer zuerst mein Bett zu machen und mein Zimmer stets gut aufzuräumen, was ich mein ganzes Leben lang beibehalten habe. Obwohl es mir erst Jahre später klar geworden ist, habe ich es meiner Großmutter zu verdanken, dass ich Reinigungsarbeiten als eine magische, alchimistische Aktivität ansehe, die eine Umgebung völlig verwandeln kann.

Der Sinn und Zweck von Sauberkeit und Ordnung, der Nutzen, den es bringt, das, was man sucht, stets zu finden und alles stets in gutem Zustand zu halten, ermöglicht es uns, den Alltag mit einer gewissen Leichtigkeit zu bewältigen. Gelingt uns dies, bleibt uns mehr Zeit, ein Leben nach unseren Vorstellungen zu führen.

Allerdings kann man es mit der Askese von Ordnung und Sauberkeit auch zu weit treiben. Im Extremfall kann das Bemühen um ein sauberes und aufgeräumtes Zuhause zu einer Form von Sklaverei werden und der Gestaltung unseres Lebens nach unseren Vorstellungen eher hinderlich sein, weil uns dann für kreative und andere Aktivitäten, die uns wichtig sind, keine Zeit mehr bleibt.

Das Maß an Ordnung und Sauberkeit, das für ein erfüllendes Leben optimal ist, variiert von Mensch zu Mensch. Bildende Künstler und Musiker wissen, wie wichtig es für sie ist, dass ihre Werkzeuge und Instrumente bereit liegen, wenn die Muse sie küsst, selbst wenn dies bedeutet, dass in ihrer Wohnung ein gewaltiges Durcheinander herrscht.

Möglichkeiten
- Was gefällt Ihnen an der augenblicklichen Organisation Ihrer Wohnung?
- Könnten Sie zu Hause Dinge so verändern, dass Ihr Alltagsleben angenehmer oder funktioneller würde?

Ihre Antwort auf diese Fragen muss nicht unbedingt mit Aufräumen zu tun haben. Vielleicht geht es eher um andere Verbesserungen im Alltagsleben, so wie es bei Ron der Fall war.

> Ron klagte: »Ich brauche jeden Morgen einige Minuten, um Socken, einen Gürtel und ein Hemd zu finden, die zusammenpassen. Wenn ich aufwache, möchte ich möglichst schnell eine Tasse Kaffee trinken, und ich bin immer sehr frustriert, wenn ich nach zehn Minuten immer noch im Ankleideraum bin. Deshalb bekomme ich jeden Morgen schlechte Laune.«
>
> Auf die Frage, was er als erstes und kleinstes Anzeichen für eine Verbesserung dieser Situation ansehen würde, antwortete er: »Wenn ich mir morgens zuerst eine Tasse Kaffee machen und sie in den Ankleideraum mitnehmen könnte. Es wäre wesentlich weniger frustrierend, wenn ich diese erste Tasse trinken würde, während ich meine Kleider zusammensuche. Ich muss dort eine kleine Abstellfläche installieren, auf der ich die Tasse beim Zusammensuchen der Klamotten deponieren kann.«
>
> Befragt danach, woran er außerdem noch erkennen würde, dass seine morgendliche Situation für ihn erfreulicher werde, antwortete er: »Ich würde mir beim Suchen nach Kleidungsstücken im Radio gute Musik anhören.«

Diese Details könnten Rons Lebensqualität entscheidend verbessern. Er hat nicht einen einzigen Augenblick darüber nachgedacht, seinen Ankleideraum zu reinigen oder aufzuräumen! Es kam ihm nicht in den Sinn, und er hätte es von selbst ganz einfach nicht getan.

Möglichkeiten

- Was gefällt Ihnen an der Art, wie Sie in Ihrem Heim jeden Tag beginnen?
- Gibt es Dinge, die Sie gern verändern würden? Wenn ja, was würde eine solche Veränderung bewirken?
- Was wäre ein kleiner Schritt in Richtung einer solchen Veränderung?

Gestalten mit Möbeln

Scheuen Sie sich nicht davor, Ihr Heim unkonventionell zu gestalten. In einem Winter stellte meine Schwester Lisa ihre Couch aus dem Wohnzimmer in die Küche, weil es für sie am gemütlichsten war, dort mit ihrer kleinen Tochter zu sitzen. Ausgefallene Möbelarrangements und ungewöhnliche Anstriche sind eine Form freudigen Selbstausdrucks, durch die man einem Heim eine völlig neue Atmosphäre geben und seinen Bewohnern zu neuer Energie verhelfen kann.

> **Möglichkeiten**
> - Sitzen Sie lieber auf Stühlen, Sofas oder Kissen?
> - Gefallen Ihnen bei der Auswahl von Möbeln insbesondere ausgefallene, primitive Formen oder bevorzugen Sie klassische Designs?
> - Vielleicht haben Sie eine Vorliebe für die Details kunstvoller Schnitzereien – oder für das genaue Gegenteil. Vielleicht bevorzugen Sie die stromlinienförmige Wirkung von modernem Design?
> - Oder gefällt es Ihnen besser, auf Möbel zu verzichten und statt auf Sofas oder Polstersesseln auf großen Bodenkissen oder einem luxuriösen Teppich zu sitzen?

Feng Shui

Wenn Sie sich mit neuen Möglichkeiten der Gestaltung Ihres Heims beschäftigen, könnte Feng Shui für Sie interessant sein. Dies ist eine alte chinesische Lehre über die Beziehung zwischen Menschen und ihrer Umgebung. Feng Shui entstand vor mehr als 5000 Jahren und will die Lebensqualität verbessern, indem es eine Umgebung schafft, die im Einklang mit der Natur steht.

Die Anhänger der Feng Shui-Lehre glauben, dass man durch die gezielte Einrichtung und Ausrichtung eines Hauses oder Arbeitsplatzes das Wohlbefinden der Menschen verbessern kann, die sich dort aufhalten. Weil Feng Shui in der westlichen Welt

mittlerweile sehr populär geworden ist, finden Sie Bücher zu diesem Thema in den meisten Buchläden und Bibliotheken.

Wohlstand muss nicht teuer sein

Was assoziieren Sie mit Wohlstand? Ich stelle diese Frage, weil viele Klienten mir erklären, sie könnten ihre Wohnsituation wesentlich angenehmer gestalten, wenn sie nur »reich« wären oder mehr Geld hätten. Meine Schwester Margaret, die als Beraterin arbeitet, stellt ihren Klienten gern die Frage, wie sie sich ihr Leben vorstellen, wenn sie in der Lotterie gewonnen hätten. Einige zählen dann auf, welche Dinge sie sich kaufen würden, wenn sie genügend Geld hätten, doch die meisten nennen auch Dinge, die keineswegs viel Geld kosten. Wenn Sie sich erst einmal über Ihre Wünsche im Klaren sind, werden Sie merken, dass einige der Dinge, die Sie mit Reichtum assoziieren, auch für Sie durchaus erschwinglich sind.

Möglichkeiten

- Was assoziieren Sie mit einem angenehmen, von Wohlstand geprägten Leben?
- Welche dieser Dinge basieren eher auf einem bestimmten Verhalten oder auf persönlichem Stil und nicht so sehr auf dem Besitz von Geld?
- Und welche hängen eher vom Besitz von Geld ab?
- Können Sie sich einige dieser Dinge jetzt sofort leisten?
- Wie könnten Sie sich diese Wünsche mit Hilfe Ihrer Kreativität erfüllen?
- Was wäre der erste kleine Schritt auf dem Weg zu diesem Ziel?

Tanya assoziiert Wohlstand mit samtigen Stoffen, Schnitzereien aus dunklem Holz und silbernen Kerzenleuchtern. All dies erschien ihr zunächst unerschwinglich, da sie noch studiert und nur

wenig Geld zur Verfügung hat. Doch auf Trödel- und Flohmärkten hat sie sich mittlerweile eine Sammlung von »vornehm« wirkenden alten Stühlen (Nachahmungen) und eine elegante, aber abgenutzte Bettcouch aus dunklem Holz zugelegt, die sie mit günstigen Samtresten veredelt hat.

Außerdem hat sie bei einem privaten Trödelverkauf einen riesigen Silberkandelaber gefunden, der wegen zahlreicher Beulen und Kratzer sehr wenig kostete. Diesen Leuchter hat sie an regnerischen Nachmittagen mit Putzlumpen und einer Zahnbürste gereinigt und poliert und sich während dieser Arbeit alte Filme angeschaut. Nun strahlt das alte Prunkstück wieder, und die Kerben und Kratzer verleihen ihm eine besondere Würde. Freunde haben sich schon mehrfach bei ihr erkundigt, ob es sich um ein Familienerbstück handle!

Zwar sind diese Objekte nicht genau das, was Tanya sich für ihr Traumhaus wünschen würde, wenn Geld für sie keine Rolle spielte, doch sind sie wunderschön und vermitteln ihr ein Gefühl des Reichtums. Sie sieht mit Freude dem Tag entgegen, an dem sie diese Objekte erneut herausputzen und umdekorieren oder sie eventuell auch durch schönere ersetzen kann, doch im Moment erfreut sie sich an dem, was sie hat.

> **Möglichkeiten**
> - Spiegelt Ihr Heim schon Ihre Vorlieben wider?
> - Wie können Sie auf einfache und unkomplizierte Art etwas von dem, was Ihnen Freude macht, in Ihrem Heim zur Geltung kommen lassen?

Glücklicherweise können Kreativität und Flexibilität Ihnen in dieser Hinsicht helfen. Einen Raum zu schaffen, der Ihre Vorlieben und somit Ihr wahres Selbst spiegelt, *kann* zwar kostspielig sein, muss es aber nicht.

Der griechische Gott der Freude, Dionysos, soll Menschen mit Verrücktheit gestraft haben, wenn sie sich weigerten, ihn

zu ehren. Mir ist manchmal der Gedanke gekommen, ob diese metaphorische Verrücktheit vielleicht gar nicht als Strafe gedacht war, sondern als Methode, die Betreffenden von starren und vorgefassten Ansichten über das Leben und die richtige Lebensweise zu befreien und ihnen so die Fähigkeit, glücklich zu sein, wiederzugeben. Hüten Sie sich bei Ihren Bemühungen, in Ihrem Zuhause eine Atmosphäre der Ruhe und der Schönheit zu kreieren, vor Alles-oder-nichts-Denken. Starre Denkmuster können Sie jener alltäglichen Freude berauben, die Ihnen zusteht.

Am Arbeitsplatz mehr Freude erleben

How Sunday into Monday melts!
Ogden Nash

Heutzutage verbringen wir immer mehr Zeit an unserem Arbeitsplatz. Dadurch wird es wichtiger, dass wir auch dort die Lebensqualität verbessern. In den vier Abschnitten dieses Kapitels werden Sie zahlreiche Möglichkeiten kennenlernen, wie Sie Ihr Arbeitsleben erfreulicher zu gestalten. Im ersten Abschnitt wird erläutert, wie Sie an Ihrem Arbeitsplatz Raum für spielerische Elemente und eine Atmosphäre der Ruhe schaffen können, wenn Sie dies brauchen. Der zweite Abschnitt beschreibt Möglichkeiten, Ihr emotionales Wohlbefinden während der Arbeit zu verbessern. In den letzten beiden Abschnitten geht es um das, was Sie sich von Ihrer Arbeit versprechen, und darum, wie Sie jeden Tag positiv beginnen können.

So beleben Sie Ihren Arbeitsplatz

Arbeiten Sie zu Hause, in einem Büro, in einer Zelle eines Großraumbüros oder an einem anderen Ort? Gibt es einen konkreten physischen Raum, den Sie als Ihren Arbeitsplatz bezeichnen können? Falls Sie einen Arbeitsplatz haben, der ausschließlich für Sie reserviert ist – beispielsweise ein eigenes Büro oder einen eigenen Schreibtisch –, wie spiegelt dieser dann Ihre Persönlichkeit wider?

David war vor vielen Jahren in einer kleinen ambulanten Klinik auf dem Land mein Vorgesetzter. Ich erinnere mich noch daran, mit welcher Freude ich an jedem Dienstagnachmittag zur

Besprechung in sein kleines Büro ging. Obwohl dieses Büro in einer etwas trostlosen Ecke eines sterilen Klinikgebäudes untergebracht war, von flachem, baumlosem Ackerland umgeben, vermittelte der Raum selbst einen Eindruck davon, wie der Ort aussah, an dem er wohl lieber gelebt hätte: im Nordwesten am Pazifik. An den Wänden seines Büros hingen große farbige Poster, auf denen die sattgrünen Wälder und die windgepeitschten Strände der Küste von Oregon abgebildet waren.

Am anderen Ende des langen Flurs, an dem Davids Büro lag, befand sich mein eigenes winziges fensterloses Kellerbüro, das ich mit zwei Kolleginnen teilte. Eine neurotische Nichtraucherin (ich) und zwei Raucherinnen mit höchst eigenwilligen Ablagesystemen besetzten einen provisorischen Raum in einer Klinik mit einer langen, spannungsreichen Vorgeschichte: Konflikte waren geradezu vorprogrammiert.

Trotzdem kamen wir gut miteinander aus. Es gelang uns, in dem unvorstellbar kleinen Raum, den wir uns teilten, eine freundliche Atmosphäre zu kreieren. Teilweise schafften wir dies durch Höflichkeit und teilweise dadurch, dass wir an allen Wänden farbenfrohe Poster aufhängten. Hinter der Tür unseres Büros und nur für uns sichtbar hatten wir ein lebensgroßes Poster des Mannes unserer Träume aufgehängt (Clark Gable), der einen eleganten Tuxedo trug, als würde er uns zur Party unseres Lebens abholen. Der Kontrast zwischen der eleganten Welt von Clark Gable und jenem unterirdischen Büroraum, in dem es zudem fast keine frische Luft gab, war so gewaltig, dass es uns nahezu unmöglich war, das Poster anzuschauen, ohne zu lachen.

Noch Jahre später, während ich dies schreibe, muss ich beim Gedanken an diese Situation unwillkürlich lächeln. Sie erinnert mich daran, wie wichtig Humor am Arbeitsplatz ist.

Möglichkeiten

- Spiegelt Ihr Arbeitsplatz Ihre Persönlichkeit, nährt er Ihren Körper und Ihren Geist, und gibt er Ihnen die Inspiration, die Sie brauchen, um optimal arbeiten zu können?
- Welche leicht umsetzbaren Kleinigkeiten könnten die physische und psychische Atmosphäre in Ihrer Arbeitsumgebung verbessern?

»Spielen« am Arbeitsplatz

Einmal täglich und an besonders schwierigen Tagen mehrmals öffnet Alice ihr Aktenschubfach und streichelt einen Teddybären, den sie vor einigen Jahren gekauft hatte, um ihn ihrem Neffen zu schenken. Doch der Bär hat ihr Büro nie verlassen – nicht, weil Alice ihren Neffen nicht mag. Sie hat ihm nämlich einen anderen Teddybären und noch viel anderes Spielzeug gekauft.

Aber Alice beschloss damals, sich von diesem Bären mit dem weichen braunen Fell nie mehr zu trennen, und seither bewahrt sie ihn in der Schublade auf. Warum? Weil etwas an diesem Stofftier ihre Nerven beruhigt und sie besänftigt, wenn ihr die Aufgaben, die sie als gestresste Geschäftsführerin eines Unternehmens bewältigen muss, über den Kopf zu wachsen drohen.

> **Möglichkeiten**
> - Haben Sie Spielzeug in Ihrem Büro?
> - Wenn nicht: Woran hätten Sie eventuell Freude?

Dinge, die Sie als Kind getröstet oder erheitert haben, könnten sich eignen, aber vielleicht macht es Ihnen auch Freude, sich einmal in einem Spielzeugladen umzuschauen. Achten Sie auf alles, was Sie zum Lachen bringt.

Wenn Ihr Chef oder Ihre Kollegen etwas gegen das Aufbewahren von Spielzeug im Büro haben, können Sie diese Dinge diskret unterbringen, so wie Alice. Doch ein spielerisches Element am Arbeitsplatz wird sicher auch Ihren Kollegen und Besuchern ein Lächeln entlocken.

Bringen Sie Leben an Ihren Arbeitsplatz

Mein Zahnarzt hat sich in eine Wand im Empfangsbereich ein wunderschönes Aquarium einbauen lassen. Weil es von beiden Seiten der Wand aus einsehbar ist, können sich sowohl das

Personal als auch die Patienten an den beruhigenden Farben und Bewegungen der tropischen Fische erfreuen. Ich nehme an, dass dies auf diejenigen, die in einem solchen Raum arbeiten, ebenso entspannend wirkt wie auf mich als Patientin.

Wenn es an Ihrem Arbeitsplatz genug Tageslicht gibt, können Sie dort mit Hilfe einer Topfpflanze ein wenig Natur einziehen lassen. Ich stelle stets Blumen oder blühende Pflanzen auf meinen Schreibtisch. Falls nicht genügend Tageslicht vorhanden ist, können Sie versuchen, mit Hilfe einer Kunstblume die gleiche Atmosphäre zu schaffen, und das ohne jegliche Pflege! Einige Menschen ziehen Seidenblumen wegen ihrer Anspruchslosigkeit und ihrer langen Lebensdauer echten Blumen vor, weil sie jeden Tag einen nie welkenden Blumenstrauß sehen wollen.

> **Möglichkeiten**
>
> - Wie können Sie an Ihrem Arbeitsplatz einen Hauch Natur einziehen lassen?
> - Zu welchem Zeitpunkt könnten Sie dies frühestens tun?

Menschen, die Sie lieben, am Arbeitsplatz

Lauren bringt jeden Tag ihren zweijährigen Sohn mit zur Arbeit – wenn auch nicht leibhaftig. Aber sie stellt immer wieder neue Fotos von ihm auf. Außerdem befinden sich auf ihrem Schreibtisch Fotos von ihrem Mann, ihren Eltern, ihrer besten Freundin und dem Lehrer, der sie stets gefördert hat. Sich die kleine Galerie lächelnder Gesichter anzuschauen hilft ihr, an sich selbst zu glauben. Dies ist für sie an Tagen, an denen die Atmosphäre am Arbeitsplatz nicht so positiv ist, wie sie es gern hätte, besonders wertvoll.

> **Möglichkeiten**
>
> - An welche Menschen möchten Sie an Ihrem Arbeitsplatz erinnert werden?

Fotos der Betreffenden wecken in Ihnen das gute Gefühl, das Sie in Anwesenheit dieser Personen haben. Und falls Sie unerwünschte Annäherungsversuche vermeiden wollen, können Sie mit Hilfe eines gut sichtbar aufgestellten Fotos von Ihrem Ehepartner oder Verlobten diskret deutlich machen, dass Sie in einer festen Beziehung leben.

Speisen und Getränke, die das Denken fördern

Erin hält stets einen Vorrat ihres bevorzugten Mineralwassers im Büro bereit. Weil es an ihrem vorigen Arbeitsplatz keinen Kühlschrank gab, besorgte sie sich eine kleine Kühlbox für kalte Getränke. Sie sagt, wenn sie stets genug Wasser zur Verfügung habe, trinke sie nicht zu viel Kaffee und zuckerhaltige Getränke. Auch mit Hilfe von Kräutertees kann man übrigens auf gesunde Weise Geist und Seele beruhigen.

Matthew schwört auf Studentenfutter, das er in einem Naturkostladen in der Nähe kauft. Allison hat stets frisches Obst dabei, um sich neue Energie zuführen zu können, wenn es am Nachmittag hektisch wird. Ihre beste Freundin, Susan, hält aus dem gleichen Grunde Instantnudelsuppen bereit.

Möglichkeiten
- Welche gesunden Nahrungsmittel oder Getränke würden Ihren Arbeitstag angenehmer machen?

Andere Quellen des Wohlgefühls

Telefonieren Sie häufig während Ihrer Arbeit? Richard bekam durch stundenlanges Telefonieren immer wieder Nackenschmerzen, bis er sich ein Headset kaufte. Headsets gibt es in Telefonläden und Bürofachgeschäften, und sie bieten zudem den Vorteil, dass Sie beim Telefonieren beide Hände frei haben und sich Notizen machen oder andere Arbeiten erledigen können, während Sie sich in einer Warteschleife befinden.

Maureen bewahrt in einer Ecke ihres Büros eine Sammlung von Seidenkissen in ihren Lieblingsfarben auf. Die Kissen, deren kostbares Gewebe sie liebt, mildern die ansonsten sterile Atmosphäre ihres Büros und ermöglichen ihr außerdem, ihre Rückenmuskeln zu entlasten, indem sie eines der Kissen gegen die Lehne Ihres Bürostuhls drückt.

Möglichkeiten
- Wie könnten Sie Ihr Büro behaglicher machen?

Arbeiten im Homeoffice

Nicht alle Menschen arbeiten in einem Büro, das sich außerhalb ihrer Wohnung befindet.

Lisa, eine Computerspezialistin, erledigt den größten Teil ihrer Arbeit in einem kleinen Büro in ihrer Wohnung. Da sie einen Raum hat, der ausschließlich für ihre Arbeit bestimmt ist, besteht ihr Ritual einfach darin, den Raum am Ende eines Arbeitstages zu verlassen und die Tür zu schließen.

Auch mein Büro befindet sich bei mir zu Hause, ein gemütliches kleines Arbeitszimmer, von dem aus man auf eine Bergwiese schaut. Es ist sehr einfach und sparsam möbliert, und abgesehen von Bücherregalen und einer kleinen Sammlung gerahmter Fotos sind die Wände frei. Der eigentliche Schmuck des Zimmers ist die mit Bäumen übersäte Landschaft vor dem Fenster. Ich weiß, dass ich die Dekorationsarbeit für meine Zwecke erfolgreich gelöst habe, weil es mir gefällt, dort zu arbeiten.

Aber was ist, wenn Ihr Arbeitszimmer innerhalb des Hauses auch andere Funktionen erfüllt, weil es beispielsweise zusätzlich als Ess- oder Schlafzimmer benutzt wird? Wie kann man einen Raum so gestalten, dass er beide Funktionen erfüllt, ohne den Gebrauchswert und die ästhetische Qualität zu beeinträchtigen? Schließlich wollen Sie beim Essen oder beim Einschlafen wahr-

scheinlich nicht über Ihre Arbeit nachdenken. Oder vielleicht doch? Künstler, Schriftsteller und Musiker haben ihre besten Ideen und Inspirationen manchmal gerade in solchen doppelt genutzten Räumen. Es geht darum, einen Raum so zu gestalten, dass er das Bedürfnis erfüllt, den Wechsel von der Arbeit zum Ausruhen oder zum Spiel und umgekehrt zu vollziehen. Ist der verfügbare Raum sehr beschränkt, kann man den Wechsel von der Arbeit zum Spiel und zu entspannenden Aktivitäten durch Rituale darstellen.

Brad, der in einem Loft lebt und malt, hat statt der fehlenden Wände Rituale entwickelt, die markieren, wann er von der Arbeit zur Erholung wechselt. Wenn er morgens aufsteht, nimmt er sein Frühstück mit auf den Balkon und erlebt bei einer Tasse Kaffee den Sonnenaufgang. Das ist sein Frühstücksraum, weil er auf dem Küchentisch seine Malutensilien aufbewahrt. Den Wechsel von der Arbeit zur Erholung läutet er ein, indem er das Licht über dem Küchentisch ausschaltet, eine schöne Kerze anzündet und sich ein paar Minuten auf seine Atmung konzentriert.

Möglichkeiten
- Wenn Sie zu Hause arbeiten, sind dann in Ihrer Wohnung jeweils bestimmte Bereiche für Arbeit und Erholung vorgesehen?
- Wie markieren Sie den Wechsel von der Arbeit zum Spiel?

Der reisende Arbeitsplatz

Wegen meiner Lehrverpflichtungen verbringe ich jeden Monat einige Nächte in Hotels. Weil ich gern nähe, nehme ich auf solche Reisen stets einen Quilt mit, an dem ich arbeite, außerdem einen Wasserkocher, damit ich mir Tee zubereiten kann, Teebeutel, eine kleine dicke Kerze und ein Stück meiner Lieblingsseife mit Jojoba-Duft. Diese Dinge passen in eine kleine Tragetasche. Der Quilt hilft mir, einen Raum, der mir nicht vertraut ist, in einen Ort der Wärme und des Behagens zu verwandeln.

> Wenn es eben möglich ist, kaufe ich mir frisches Obst für ein Frühstück auf meinem Zimmer. Die vertrauten Düfte der Seife und des Tees, die ich mir von zu Hause mitgebracht habe, der Schein der Kerze am Abend und eine köstliche Frucht helfen mir, ein fremdes Hotelzimmer in einen einladenden Raum zu verwandeln.

Was würde Ihnen persönlich helfen, ein Hotelzimmer zu einem Zufluchtsort zu machen, der Ihre Kreativität beflügelt und Ihnen hilft, sich auf die Arbeit zu konzentrieren, die Sie an diesem Ort erwartet? Dinge, die Sie überallhin mitnehmen, können helfen, indem sie einer eigentlich fremden Umgebung eine vertraute Note verleihen. Wenn Sie etwa einen bestimmten Stift oder ein anderes Schreibgerät bevorzugen, sollten Sie dieses überall, wo Sie sich aufhalten, benutzen. Dasselbe gilt für Papier und andere Büroutensilien.

Möglicherweise haben Sie keinen festen Büro- oder sonstigen Arbeitsraum oder kein bestimmtes Hotel, in dem Sie regelmäßig arbeiten. Vielleicht erfordert es Ihre Arbeit, dass Sie ständig von einem Ort zum anderen reisen. Doch glücklicherweise können Sie sich eine Art »tragbaren Arbeitsplatz« schaffen und überallhin mitnehmen.

> Als ständig reisender Journalist hat Ed schon in Zelten, Zügen, Bussen und Booten und gelegentlich auch in Hotels gearbeitet, gegessen und geschlafen. Wichtiger als alles andere ist für ihn das Filofax-Notizbuch, das er stets bei sich hat. Diese kompakte und leichte Organisationshilfe ist ein äußeres Zeichen für seinen persönlichen Arbeitsplatz, der ihn überallhin begleitet. Abgesehen von seiner Funktion als Terminkalender enthält dieses Notizbuch Landkarten, Fahrpläne von Fluglinien, Zügen und Bussen, Plastikhüllen für Kreditkarten und Bilder seiner Familie, Freunde und Haustiere, Telefonnummern, für seine Arbeit wichtige Informationen sowie Notizblätter für Aufzeichnungen.
> Außerdem findet er in seinem Notizbuch inspirierende Zitate von einigen seiner Lieblingsautoren. Wenn Ed dieses Notizbuch

öffnet, hilft ihm das, seine Gedanken zu fokussieren und die Geschichten zu verstehen, die sich um ihn her inmitten einer fremden oder chaotischen Umgebung entfalten.

> **Möglichkeiten**
> - Welches wenig Raum beanspruchende Objekt könnten Sie problemlos ständig bei sich führen – in einer Brieftasche oder einem Buch –, als Erinnerung an etwas, das Ihnen Freude macht und das Ihrer Seele guttut?

Das Arbeitsklima verbessern

Patricia arbeitete als Schwesternhelferin in einem großen Krankenhaus. Zu ihren Aufgaben zählte es, jeden Tag Medikamente aus der Krankenhausapotheke abzuholen. Der Krankenhausapotheker war ein unhöflicher alter Mann, der ihr gegenüber von Anfang an unfreundlich gewesen war.

Obwohl die Bestellungen zunächst telefonisch in die Apotheke übermittelt und erst einige Stunden später dort abgeholt wurden, bearbeitete der Apotheker sie grundsätzlich erst, wenn Patricia sie mitnehmen wollte. Und selbst dann noch musste sie oft warten, bis er andere Kunden bedient hatte, die eigentlich erst nach ihr an der Reihe gewesen wären. Es war, als würde der Mann sie absichtlich ignorieren. Wenn Patricia den Apotheker fragte, weshalb er die Bestellung nicht schon fertig machte, bevor sie kam, redete er sich jedes Mal damit heraus, er sei völlig überlastet und tue, was er könne.

Im Laufe der Zeit merkte Patricia, dass sie immer länger in der Klinik blieb. Einer der Gründe für diese unfreiwilligen Überstunden war, dass sie jeden Tag in der Apotheke so viel Zeit mit Warten vergeudete. So wurde ihr Groll auf den unausstehlichen Apotheker immer stärker und beschäftigte sie zunehmend auch in ihrer Freizeit. Er war dabei, ihr die Freude an der Arbeit, um die sie sich so sehr bemüht und für die sie sich so sehr engagiert hatte, zu nehmen.

Patricia telefonierte regelmäßig mit ihrer Mutter und erzählte ihr auch von ihren Problemen mit dem alten Apotheker. Ein anderer Kollege, von dem sie ihrer Mutter immer wieder berichtete, war der freundliche alte Pförtner, der ebenfalls im Krankenhaus arbeitete. Der Pförtner fand für jeden, der vorüber kam, ein freundliches Wort. Deshalb freute sich auch Patricia jeden Tag, wenn sie aus der Apotheke kam, den Pförtner zu treffen. Sie erzählten einander Witze, und er schaffte es stets, sie zum Lachen zu bringen.

Als ihre Mutter sie in diesem Jahr besuchte, nahm Patricia sich eine Woche frei. Gegen Ende dieser Woche benötigte die Mutter ein Medikament, das ihr ausgegangen war. Obwohl Patricia den miesepetrigen Apotheker nicht auch noch während ihres Urlaubs sehen wollte, bot sie ihrer Mutter an, das Mittel in der Krankenhausapotheke zu besorgen. Doch die Mutter wollte lieber selbst in die Apotheke gehen, weil sie sich den Apotheker und den Pförtner einmal anschauen wollte, von denen ihre Tochter ihr so viel erzählt hatte.

Am Tag nach der Abreise der Mutter kehrte Patricia wieder ins Krankenhaus zurück. Als sie in die Apotheke kam, grüßte der alte Mann sie höflich und sagte, die Bestellung für sie stehe bereit. Patricia war so verblüfft, dass sie sich ebenso höflich bedankte und dem Mann einen schönen Tag wünschte. Als sie am nächsten Tag kam, war die Bestellung wieder fertig, und diesmal wünschte der Apotheker *ihr* einen schönen Tag. Patricia konnte sich diese unglaubliche Veränderung seines Verhaltens einfach nicht erklären.

Später rief Patricia ihre Mutter an und fragte sie, was sie zu dem Apotheker gesagt habe. Die Mutter antwortete, sie habe gesagt, ihre Tochter Patricia habe geschwärmt, er mache seine Arbeit so gut, dass der Besuch bei ihm für sie immer ein kleiner Höhepunkt ihres Arbeitstages sei. Nach ihrem Besuch bei dem Apotheker sei sie an dem groben alten Pförtner vorbeigekommen und habe sofort verstanden, was ihrer Tochter an ihm nicht gefalle; er sei ja wirklich ein widerlicher Kerl! Mit ihm habe sie natürlich nicht gesprochen.

Die freundliche Beziehung zwischen Patricia und dem Apotheker blieb unverändert bestehen, bis er fünf Jahre später pensioniert wurde.

Zwar wird sich die Zufallsintervention von Patricias Mutter bewusst wohl kaum wiederholen lassen, aber vielleicht können Sie etwas anderes tun, um die Atmosphäre zwischen Ihnen und Ihren Arbeitskollegen zu verbessern.

Heute gilt es als erwiesen, dass Lachen die Wahrscheinlichkeit einer Erkrankung an stressbedingten Krankheiten verringert und dass es die Stressbelastung in einer Arbeitssituation lindern kann. So weiß ich von einer Designfirma, die professionelle Komiker engagiert – nicht um ihre Mitarbeiter zu unterhalten, sondern um ihnen zu helfen, Spannungen abzubauen und so ihre mentale Flexibilität anzuregen und ihre Kreativität zu erhalten.

Möglichkeiten
- Werden Sie an Ihrem Arbeitsplatz durch Spannungen oder Konflikte beeinträchtigt?
- Durch welche kleine Aktion könnten Sie das emotionale Klima an Ihrem Arbeitsplatz verbessern?

Wie Sie Ihr inneres Arbeitsklima verändern können

Sind Sie an Ihrem Arbeitsplatz unglücklich? Wenn Sie bereits getan haben, was Sie tun müssen, um Ihre Umgebung und die emotionale Atmosphäre an Ihrem Arbeitsplatz angenehmer zu gestalten, ist es jetzt vielleicht an der Zeit, sich mit Ihrem »inneren Arbeitsklima« zu befassen.

Die Bedeutung der inneren Selbstaussagen

Adam klagte, es grause ihn, zur Arbeit gehen zu müssen. Dieses Gefühl hatte er, seit die Firma, für die er arbeitete, in ein großes, modernes Gebäude in einem völlig anderen Stadtteil hatte umziehen müssen. Weil sich die äußere Umgebung seines Arbeitsplatzes verändert hatte, vermutete ich, dass ihm an seinem Arbeitsplatz

irgendetwas nicht gefalle. Darauf sagte er: »Die Umgebung, in der ich arbeite, ist nicht das Problem. Schwierig ist für mich, was in mir selbst vor sich geht. Ich muss ändern, was ich mir ständig selbst einrede.« Er erklärte, er rede sich jeden Tag ein: »Ich will hier nicht sein.« Den ganzen Tag über tauche dieser Satz in seinem Kopf auf, und je häufiger er darüber nachdenke, umso ungehaltener werde er über seine Arbeitssituation und umso weniger schaffe er.

Er kam mit seiner Arbeit täglich in größeren Rückstand. Jeder Tag erschien ihm schier endlos. Wenn das Ende eines Arbeitstages schließlich gekommen war, verließ er seinen Arbeitsplatz mit Gewissensbissen und einem Gefühl der Erschöpfung. Auch die Freizeit konnte er nicht genießen, weil er wusste, dass er am nächsten Morgen zur Arbeit zurückkehren musste.

Adams Horror vor seinem Arbeitsplatz beruhte nicht darauf, dass er seine Arbeit hasste. Diese war für ihn, wie er es ausdrückte, »so gut wie jeder andere Job, und wenn ich schon arbeiten muss, dann ist das die Art von Arbeit, die ich tun möchte«. Das Problem war, dass er sich im Augenblick nicht danach fühlte, zu arbeiten. Es war Sommer, und er wäre lieber auf seinem Segelboot unterwegs gewesen oder gewandert oder hätte gern mit seiner Freundin, einer Lehrerin, die in den Sommermonaten frei hatte, ein Picknick gemacht. Wer hätte ihm das verübeln können? Das Problem war, dass er wie die meisten von uns arbeiten musste, um seinen Lebensunterhalt zu verdienen.

Adam lag mit seiner Annahme, er müsse seine innere Umgebung verändern, völlig richtig, und die Veränderung seiner inneren Selbstaussagen war der erste Schritt in diese Richtung. Er beschloss, den Satz »Ich will nicht hier sein« durch »Du bist aber nun mal hier, du Idiot. Los, an die Arbeit!« zu ersetzen. Doch auch das erzeugte keinen positiven Geisteszustand.

Als ich Adam fragte, was er einem jüngeren Kollegen mit einem ähnlichen Problem empfehlen würde, antwortete er: »Du wirst dich besser fühlen, wenn du deine Arbeit erledigst.« Auf die Frage hin, was sich dadurch für ihn verändern würde, antwortete er: »Ich kann am Abend nach Hause gehen, ohne mich schuldig zu fühlen. Und ich kann meine Freizeit genießen.«

Adam notierte sich sein neues Mantra »Du wirst dich besser fühlen, wenn du deine Arbeit erledigst« auf einem Blatt Papier, das

er auf seinem Schreibtisch an einer Stelle platzierte, wo nur er es sehen konnte. Er brauchte ungefähr drei Wochen, um die negative Selbstaussage zu löschen, die ihm das Arbeiten verleidet hatte, und danach fühlte er sich dauerhaft besser.

Möglichkeiten

- Welche inneren Selbstaussagen tauchen bei Ihnen auf?
- Wäre es nützlich, wenn Sie Ihre Selbstaussagen verändern würden? Wenn ja, welche Botschaft würden Sie sich dann am besten im Laufe des Tages übermitteln?

Ein Symbol entwickeln, um sich zu zentrieren

Elena muss im Rahmen ihrer Arbeit als Mediatorin an schwierigen Verhandlungen teilnehmen, ohne ihre persönlichen Gefühle erkennen zu lassen. Selbst wenn die übrigen Beteiligten die Beherrschung verlieren, wirkt sie am Verhandlungstisch stets ruhig und kühl. Gewöhnlich hat Elena dabei eine Hand in der Jackentasche. Niemand weiß, dass sie mit der Hand in der Tasche eine Muschel berührt, die sie stets begleitet. Die Muschel, die sie vor vielen Jahren am Strand gefunden hat, wirkt unscheinbar, doch die Berührung der Muschel bringt Elena inneren Frieden und ermöglicht es ihr, zu jener unermesslichen Macht in Kontakt zu treten, die sie am Meer erlebt. Dies erfüllt sie mit der Ruhe, die ihr hilft, sich auf die größeren Ziele ihres Lebens zu konzentrieren, und hindert sie daran, kleinere Probleme zu wichtig zu nehmen.

Möglichkeiten

- Wann haben Sie sich in Ihrem Leben besonders entspannt, ruhig und zentriert gefühlt? Wählen Sie ein Erlebnis aus, an das Sie sich auch in Zukunft gern erinnern würden.
- Was an diesem Erlebnis war für Sie besonders entspannend und wichtig? Achten Sie darauf, welche Bilder, Gedanken oder Worte Ihnen in den Sinn kommen.

Falls es Ihnen schwer fällt, ein Objekt zu finden, das Sie so wie Elena ihre Muschel überallhin mitnehmen könnten, können Sie sich fragen, wo und bei welchen Erlebnissen Sie sich in Ihrem Leben besonders zentriert und entspannt gefühlt haben. Zeichen Sie dann ein Bild von einem solchen Erlebnis oder wählen Sie ein Objekt, ein Foto oder ein Zitat aus, das Sie an das Erlebnis erinnert, und nehmen Sie dieses mit in Ihre Arbeitsumgebung. Benutzen Sie das Symbol, um sich zu zentrieren, zu beruhigen und zu regenerieren, wenn Ihr Leben einmal besonders anstrengend ist oder wenn Sie sich einfach entspannen wollen.

Entspannung, Yoga und Meditation

Erika hängt einmal am Tag ein »Bitte nicht stören!«-Schild an die Tür zu ihrem Büro und meditiert. Durch das Schließen der Tür sperrt sie alle Anspannung aus, die sich am betreffenden Tag bei ihr aufgebaut hat.

Man kann auf viele Arten meditieren. Erika wiederholt immer wieder das Wort »ruhig«, bis sie das Gefühl hat, dass ihre Atmung gleichmäßig wird und ihr Hals und ihre Schultern sich entspannen, womit die »Meditationsreaktion« – so nennt sie es – eintritt.

Jean entspannt sich mental, indem sie sich vorstellt, dass ihre Gedanken an eine Tafel projiziert werden. Sie visualisiert, dass die Schrift auf dieser Tafel bei jedem Atemzug ausgewischt wird, so dass die Oberfläche völlig sauber ist und sich in ihrem Geist und ihrem Körper ein ruhiges und beruhigendes Gefühl einstellt.

Vielleicht möchten Sie sich lieber auf Empfindungen in Ihrem Körper konzentrieren. Mancher entspannt sich am besten, wenn er die Muskeln systematisch anspannt und anschließend entspannt, beginnend mit den Zehen und von dort bis zum obersten Punkt des Kopfes fortschreitend. Oder Sie erlernen die wichtigsten Yoga-Übungen und legen im Laufe jeden Tages eine kurze Yoga-Pause ein.

> **Möglichkeiten**
> - Bevorzugen Sie die Anwendung einer bestimmten Entspannungsmethode während Ihrer Arbeitszeit?
> - Was würde Ihnen helfen, Ihr inneres Empfinden während der Arbeit zu verbessern?

In der Arbeit Sinn finden

Es gibt mindestens drei Möglichkeiten, die tägliche Arbeit zu einem sinnvollen und lohnenden Erlebnis zu machen. Die erste wird in Selbsthilfebüchern häufig gleich zu Anfang erwähnt: herauszufinden, wie Sie mit dem, was Sie gern tun, Geld verdienen können. Zahllose New-Age-Gurus verkünden, wenn wir wirklich das täten, was wir gern tun, würden wir viel bessere Arbeit leisten.

Tun Sie, was Sie gern tun

In Anbetracht der augenblicklichen ökonomischen Situation und der Tatsache, dass der Wert mancher Arbeiten höher bemessen wird als der anderer, ist das Ziel, nur das zu tun, was man gern tut, nicht immer realistisch. Vielleicht schaffen Sie es auch unter diesen Umständen, mit dem, was Sie besonders gern tun, Geld zu verdienen, aber vielleicht reicht das dennoch nicht für den Lebensunterhalt. Und selbst wenn Sie es schon geschafft haben, mit dem, was Sie gern tun, Geld zu verdienen, können die damit verbundenen Pflichten die Freude darüber trüben. Auch wenn wir uns unseren Beruf völlig frei ausgesucht haben und er uns die Möglichkeit bietet, von dem, was uns wirklich interessiert, zu leben, bringt er gewöhnlich auch weniger erfreuliche Aspekte mit sich.

> Als Schulpsychologin arbeitet Dee gern mit Kindern, und sie schätzt in den langen Sommerferien das Zusammensein mit ihren eigenen Kindern. Was ihr jedoch ganz und gar nicht gefällt, sind die mühsamen Schreibarbeiten und die Klassenarbeiten, zu denen ihr Beruf sie zwingt. Um mit diesen Unannehmlichkeiten besser fertig zu werden, konzentriert sie sich auf jene Seiten ihrer Arbeit, die ihr am besten gefallen, und verbannt das, was ihr weniger gefällt, in den Hintergrund.

An das große Ganze denken

Eine zweite Möglichkeit, aus der eigenen Arbeit mehr Sinn und Zufriedenheit zu ziehen, besteht darin, das große Ganze im Auge zu behalten und entsprechend zu denken. Statt sich ausschließlich auf die Besonderheiten der eigenen Arbeit zu konzentrieren und sich ständig damit zu beschäftigen, was Ihnen an dem, was Sie in Ihrem Beruf tun müssen, gefällt und was nicht, bringt es die Betrachtung des großen Ganzen mit sich, dass Sie die positiven Auswirkungen Ihrer Arbeit auf Ihr eigenes Leben und auf das Leben anderer Menschen im Blick behalten.

> Susanne verkauft Flugtickets, muss morgens meist schon vor fünf Uhr an ihrem Arbeitsplatz sein und kann deshalb oft abends nicht ausgehen. Andererseits hat ihre Arbeit auch viele positive Seiten. Sie bekommt Flugtickets zu ermäßigten Preisen, und aufgrund ihres Einkommens kann sie ihrer Tochter den Collegebesuch ermöglichen.
>
> An Tagen, an denen es morgens eiskalt ist und der Gang zur Arbeit ihr besonders trostlos vorkommt, geben Gedanken daran, dass ihre Tochter sich auf den Collegeabschluss vorbereitet, und an die Reise, die sie im Frühling unternehmen will, dem Tag einen Sinn.

Ein höheres Ziel suchen

Auf einer anderen Ebene findet Susanne aufgrund ihrer Kompetenz einen Sinn in ihrer Arbeit und indem sie sich aufmerksam den Details widmet und dadurch die Situation der Reisenden, die sie bedient, positiv beeinflusst. Damit sind wir bei einer dritten Möglichkeit, Erfüllung in der eigenen Arbeit finden zu können. Die Bedeutung der Arbeit und die Befriedigung, die wir aus ihr ziehen können, sind von einer völlig anderen Qualität, wenn wir die Arbeit als eine spirituelle Chance verstehen, als eine Bemühung, die auf ein umfassenderes und höheres Ziel als das unseres persönlichen Wohls gerichtet ist.

Viele Religionen und Kulturen vertreten die Auffassung, dass wir besonders schwierigen oder unangenehmen Arbeiten mehr Sinn abgewinnen und sie dadurch erträglicher machen können, indem wir unsere Bemühungen in den Dienst Gottes stellen. Diese transzendente Betrachtungsweise muss nicht Heiligen, Mystikern und überragenden spirituellen Gestalten vorbehalten bleiben. Auch Menschen wie Sie und ich können Stärke daraus ziehen, dass sie ihr tägliches Schaffen einem höheren Zweck widmen.

Einige Menschen sehen die spirituelle Bedeutung ihrer Arbeit in einem ganz spezifischen Ziel, etwa dem, die Welt zum Wohle künftiger Generationen zu verbessern. Nelson Mandela wurde wegen seines Engagements als Bürgerrechtsaktivist verhaftet und musste viele Jahre in einem Arbeitslager zubringen. Trotzdem gelang es ihm, seiner Zeit dort einen Sinn abzugewinnen, indem er sich seiner täglichen Arbeit würdevoll widmete. Er war davon überzeugt, dass er der politischen Haltung, deretwegen er eingesperrt worden war, durch sein Handeln noch mehr Glaubwürdigkeit verleihen könne. Er verband seine Arbeit mit einem höheren Ziel: für die Freiheit der farbigen Bewohner Südafrikas in Gegenwart und Zukunft zu kämpfen.

Nicht alle, denen es gelingt, in ihrer Arbeit einen transzendenten Sinn zu finden, sind so berühmt wie Nelson Mandela. Harold ist Bezirksangestellter in Chicago und hat die Aufgabe, in einigen berüchtigten Vierteln Müll zu entsorgen. Trotz moderner Maschinen, die ihm seine Arbeit erleichtern, ist diese Tätigkeit nach wie vor mit unangenehmen Gerüchen verbunden, sie ist körperlich sehr anstrengend, und oft ist er dabei extremer Witterung ausgesetzt.

Trotzdem tut Harold oft mehr, als die Vorschriften von ihm verlangen. Harold ist seit 20 Jahren in der Abfallentsorgung tätig, und es hat ihm immer Freude bereitet, sich mehr Mühe machen, als er eigentlich musste. Es erfüllt ihn mit Befriedigung zu wissen, dass er die Stadt durch seine Anstrengungen zu einem angenehmeren Ort macht.

Möglichkeiten

- Was hilft Ihnen, in Ihrer Arbeit einen Sinn zu finden?
- Welche der drei Möglichkeiten, in der Arbeit einen Sinn zu finden, unterstützt Sie bei der Verwirklichung Ihrer beruflichen Ziele am meisten? Machen Sie sich klar, was Sie ohnehin schon im Sinne dieser Zielsetzung getan haben, und finden Sie heraus, was Sie dem noch hinzufügen können.

Weil sich die meisten von uns ihren Lebensunterhalt selbst verdienen müssen, sollten wir unbedingt alles in unserer Macht Stehende tun, um die Stunden, die wir mit unserer Arbeit verbringen, so angenehm und erfüllend wie möglich zu gestalten. Nehmen Sie sich einen Augenblick Zeit, um sich zu vergegenwärtigen, was Sie bereits im Sinne dieser Zielsetzung tun, und führen Sie sich alle Gedanken noch einmal vor Augen, die Ihnen in Reaktion auf die verschiedenen Abschnitte in diesem Kapitel gekommen sind.

# Teil II:
Eine freudige Zukunft schaffen

Hoffnungen und Träume

*Es kann kein Zweifel daran bestehen, dass wir zu dem werden,
was wir ins Auge fassen.*
Claude M. Bristol

Dieses Kapitel wird Ihnen helfen, die Träume, Hoffnungen und Ziele zu erforschen, die Sie in den Tiefen Ihres Herzens hegen, und so die Geisteshaltung zu entwickeln, die Sie benötigen, um auf Ihre persönliche Weise zu verwirklichen, was Sie anstreben. Sie verdienen es, alles zu tun, was Sie tun können, um Ihre Herzenswünsche zu erfüllen. Das ist weder egoistisch, noch steht es im Widerspruch zu spirituellen oder religiösen Lehren. Tatsächlich müssen wir uns selbst lieben, um andere und die Welt, die uns umgibt, lieben zu können. Während ich dies schreibe, kommt mir der Gedanke: Falls jemals eine Welt der Liebe bedurft hätte, ist es sicherlich die, in der wir heute leben.

Die in diesem Kapitel vorgestellten Übungen werden Ihnen helfen, lang gehegte Hoffnungen und Träume wieder zu erkennen und Ihren unerschütterlichen Glauben daran, dass Sie in Zukunft Gutes erleben können, zu erneuern. Die ersten beiden Abschnitte dieses Kapitels helfen Ihnen, sich über Ihre Ziele klar zu werden und sie schriftlich und künstlerisch zu erforschen. Im folgenden Abschnitt wird beschrieben, wie Sie eine Einstellung entwickeln können, die es Ihnen ermöglicht, sowohl Ihr augenblickliches als auch Ihr zukünftiges, neues Leben noch mehr zu genießen und zu schätzen. Das Kapitel endet mit einer Übung, die Ihnen hilft, jene wertvollen Eigenarten und Eigenschaften zu erkennen, die Sie mit einer bestimmten Person assoziieren, deren Einfluss auf Ihr Leben Sie sich gewünscht hätten, und diese Eigenschaften in sich selbst zu entwickeln.

Falls Sie viel Leid erlebt haben, wird es Ihnen möglicherweise zunächst schwer fallen, sich vorzustellen, dass Sie auch viel Gutes erleben können. Die Überzeugung zu entwickeln, dass Sie ein Recht auf positive Erfahrungen haben, sowie eine Geisteshaltung, die auf der Erwartung basiert, dass dies auch tatsächlich geschehen wird, ist deshalb wichtig, weil es Ihrem Unterbewussten ermöglicht, jene Voraussetzungen in Psyche und Verhalten zu schaffen, die erforderlich sind, um die gewünschten Wandlungen zum Positiven herbeizuführen.

Vielleicht sind Ihnen Ihre Hoffnungen und Träume vertraut; es kann aber auch sein, dass Sie sich nicht mehr sicher sind, worin diese überhaupt bestehen. Vielleicht haben sich auch einige Ihrer Ziele verändert. Oder Sie waren bisher so intensiv damit beschäftigt, Ihr Alltagsleben zu bewältigen, dass Sie die Träume, die Ihnen einst vor Augen standen, aus dem Blick verloren oder vergessen haben.

So ist es Kate ergangen. Schon wenige Augenblicke nachdem Kate meinen Behandlungsraum betreten hatte, entwickelte ich ihr gegenüber Beschützergefühle. Sie war eine hübsche junge Frau mit sanften braunen Augen und fließendem dunklem Haar, deren Blick meist auf den Boden gerichtet war und die stockend sprach, als sei sie es gewöhnt, ständig unterbrochen zu werden.

Ihre leicht gebeugte Haltung, ihr zu Boden gerichteter Blick und die nervöse Angewohnheit, immer wieder Haarsträhnen um den Finger zu wickeln, deuteten darauf hin, dass sie in den etwas mehr als 30 Jahren ihres Lebens eine Menge durchgemacht hatte und ziemlich mutlos war. Wie sich herausstellte, lag ich mit dieser Einschätzung richtig.

Kate war als Kind sexuell missbraucht und körperlich misshandelt worden. Ihre Eltern, die sie hätten schützen müssen, hatten sie abgelehnt und der Lüge bezichtigt. Sie hatte also insgesamt eine sehr schmerzhafte Kindheit erlebt. Als junge Erwachsene war sie von dem Mann, den sie geliebt hatte, grausam betrogen worden und hatte eine qualvolle Scheidung durchgemacht.

Nun lebte sie als alleinerziehende Mutter, fühlte sich von einem Chef abhängig, der sie hemmungslos ausbeutete, und zwei-

felte generell daran, dass sich ihre Lebenssituation jemals bessern könnte. Der einzige Sonnenstrahl in ihrem Leben war ihre Tochter Tamara. Dank Kates mütterlicher Zuneigung erlebte Tamara mit ihren fünf Jahren jene Magie und jenes Staunen, das Menschen nur einmal in ihrem Leben kennen lernen: in einem liebevollen Zuhause.

Als ich Kate fragte, woran sie erkennen würde, dass sich ihre Lebenssituation zum Positiven verändere, antwortete sie: »Ich weiß es nicht. Mir wächst alles über den Kopf. Ich weiß nicht einmal mehr, was ich eigentlich will. Ich kann mir gar nicht vorstellen, dass sich etwas bessern könnte. Aber es muss sich etwas bessern, denn so wie jetzt kann ich nicht mehr weiterleben.«

Trotz der Freude, die sie an ihrem Leben mit Tamara hatte, waren andere Aspekte ihres Lebens so schrecklich, dass sie schon öfter an Selbstmord gedacht hatte. Glücklicherweise hatte der Gedanke an die fünfjährige Tamara sie davon abgehalten, sich etwas anzutun – glücklicherweise nicht nur, weil ihre Tochter sie brauchte, sondern auch, weil sich Kates Leben schon bald deutlich besserte, wesentlich mehr, als sie es sich am Tage unserer ersten Begegnung hätte vorstellen können. Hätte sie sich umgebracht, wäre ihr diese strahlende Zukunft, die sie erwartete, nie zuteil geworden.

Die Welt braucht Menschen wie Kate. Sie ist freundlich und gutherzig, kreativ und sensibel, und sie kann anderen Menschen wie auch sich selbst eine Menge geben. Eine der traurigsten Tatsachen, mit denen ich mich als Psychotherapeutin auseinandersetzen musste, ist, dass gerade freundliche, kluge und sensible Menschen wie Kate so häufig das Leben von seiner grausamen Seite kennen lernen. Verzweiflung hindert solche Menschen manchmal daran, zu tun, was sie tun müssen, um endlich das Leben führen zu können, das sie verdienen – ein Leben, das ihren Schmerz heilt und das ihnen hilft, sich ihres Daseins zu erfreuen.

Nach schmerzhaften Erlebnissen verlieren auch Sie vielleicht hin und wieder die Hoffnung. Lassen Sie sich trotzdem nicht zu dem Glauben verleiten, das würde Ihr ganzes Leben lang so

weitergehen. Auch wenn uns das Leben unerträglich erscheinen kann, können sich Gefühle jederzeit verändern. Und Sie können immer Schritte unternehmen, einen nach dem anderen, um die Richtung einzuschlagen, in die Sie in Ihrem Leben gehen wollen.

Als Erstes müssen Sie herausfinden, was Sie wollen, und Sie müssen lernen, daran zu glauben, dass Sie dieses Ziel erreichen können. Die folgende Übung, »Ein Brief aus der Zukunft«, wird Ihnen helfen, Ihre Hoffnungen und Träume wiederzuentdecken und sich eine Denkweise wieder zu eigen zu machen, die viele von uns in ihrer Kindheit verloren haben – durch ein Trauma, durch Missbrauch oder Misshandlungen oder sogar durch die schulische Erziehung, die das Tagträumen oft abstraft. Die folgende Übung, die auf kreativer Imagination basiert, zählt zu den wirksamsten in diesem Buch.

Ein Brief aus der Zukunft

Die Fähigkeit zu träumen ist allen Menschen angeboren. Wenn wir sie verlieren, büßen wir auch einen großen Teil unserer Fähigkeit, uns zu freuen, ein. Den meisten von uns könnte es guttun, sich gelegentlich ein wenig Zeit zu nehmen, um diese natürliche Gabe wiederzubeleben und zu stärken.

Ein kleiner Schritt

Wählen Sie einen Zeitpunkt in der Zukunft (in 5, 10, 15 oder 20 Jahren oder zu einem beliebigen anderen Zeitpunkt, der für Sie von Bedeutung ist). Vermerken Sie das gewählte Datum im Briefkopf. Stellen Sie sich vor, die zwischen dem vorgestellten Zeitpunkt und der Gegenwart liegenden Jahre seien vergangen, und Sie schrieben einem Freund. Wählen Sie als Empfänger des Briefes jemanden aus, den Sie kennen und dessen Freund Sie gern auch in Zukunft bleiben würden. Schreiben Sie diesen Freund namentlich an: »Lieber XY!«

Stellen Sie sich beim Schreiben des Briefes vor, dass Sie zu diesem Zeitpunkt ein erfreuliches, gesundes und befriedigendes Leben führen. Falls Sie in der Gegenwart mit Problemen zu kämpfen ha-

> ben, gehen Sie entweder davon aus, dass diese zu dem von Ihnen festgelegten zukünftigen Zeitpunkt gelöst sein werden oder dass Sie bis dahin zufriedenstellende Möglichkeiten gefunden haben, mit Ihren aktuellen Problemen fertig zu werden.
>
> Erklären Sie, wie Sie die Probleme oder Schwierigkeiten, die Sie früher einmal plagten, gelöst haben. Berichten Sie, was sich rückblickend aus der Zukunft als besonders nützlich erwiesen hat. Beschreiben Sie detailliert, wie Sie in dieser imaginären Zukunft Ihre Zeit verbringen. Wo leben Sie? Gehen Sie auf Ihre Beziehungen, Überzeugungen, Gedanken über die Vergangenheit und Spekulationen über die noch fernere Zukunft ein.

Briefe dieser Art sind nicht dazu gedacht, jemals an den Adressaten abgeschickt zu werden. Sie sind ausschließlich für Sie selbst bestimmt. Die Datierung eines solchen Briefes und seine Adressierung an einen realen Menschen soll nur bewirken, dass Ihnen der Brief sowohl auf der bewussten als auch auf der unbewussten Ebene realistischer erscheint.

Es folgt ein kleiner Auszug aus dem Brief, den Kate schrieb:

> 27. Januar 2010
>
> Liebe Sarah,
>
> hier kommt der Brief, den ich dir nach Weihnachten schreiben wollte.
>
> Dieses Jahr ist so schnell vergangen, dass ich nicht viel Zeit zum Schreiben gefunden habe. Ich hoffe, wenn mein Brief dich erreicht, geht es dir gut. Seit ich meinen vorigen Job aufgegeben habe, genieße ich meine Arbeit. Ich wache jeden Morgen gut gelaunt auf. Und seitdem ich mit Hilfe von Weight Watchers abgenommen habe, ist es mir gelungen, mein Gewicht zu halten.
>
> An einem normalen Tag stehe ich früh auf, trainiere ein wenig und wecke dann Tamara. Ich bringe sie zur Schule und gehe anschließend zur Arbeit. Abends entspanne ich mich entweder mit Tamara, gehe mit einem Freund aus oder betätige mich kreativ. Ich habe einen sehr netten Freund gefunden. Tamara bereitet mir immer noch große Freude. Im Moment meint das Leben es sehr gut mit mir, und ich bin glücklich darüber, dass ich lebe.

Sie brauchen sich beim Abfassen Ihres Briefes nicht nur auf Dinge zu beschränken, die Ihnen angesichts Ihrer momentanen realen Lebenssituation als für die Zukunft realistisch erscheinen. Das ist nicht unbedingt notwendig, und es kann Sie auch unnötig einschränken. Schreiben Sie Ihren Brief aus der Zukunft mit offenem Herzen und Geist, damit Sie die Möglichkeit haben, sich selbst zu überraschen.

> John beispielsweise hatte sein Leben lang auf dem flachen Land im Mittleren Westen gewohnt. Als er feststellte, dass er in seinem Brief aus der Zukunft schrieb, er lebe nun an der Küste von Hawaii, war er sehr überrascht. Obwohl ihm dies zu dem Zeitpunkt, als er seinen Brief abfasste, nicht wahrscheinlich erschien, schrieb er es trotzdem.
> Durch den Brief gelangte er zu einigen wichtigen Erkenntnissen darüber, wer er war, was ihm am wichtigsten war und wie er mehr Freude erleben könnte. Dies führte dazu, dass er einige erstaunliche Abenteuer erlebte, die zu erleben er sich vorher nicht hätte vorstellen können. Er nahm an einem Austauschprogramm für Lehrer teil und unterrichtete ein Jahr in Papua-Neuguinea. Später verbrachte er einen Sommerurlaub als Rucksacktourist in Japan. Seine Besuche in diversen japanischen Zen-Klöstern waren der Anfang eines anhaltenden Interesses am Buddhismus. Noch Jahre später inspirierten ihn die Erlebnisse und Entdeckungen, die sich aus seinem Brief aus der Zukunft ergeben hatten.

Wenn es Ihnen keinen Spaß macht zu schreiben, können Sie Ihren Brief aus der Zukunft auch auf ein Diktiergerät sprechen oder ihn mental abspeichern. Allerdings habe ich im Laufe der Jahre festgestellt, dass diese Übung am wirksamsten ist, wenn man den Brief tatsächlich schreibt. Die realistische Atmosphäre, die entsteht, wenn man einen Brief verfasst und datiert, verstärkt die Wirkung der Übung. Nehmen Sie sich nun ein wenig Zeit, bevor Sie in diesem Kapitel weiterlesen, und schreiben Sie selbst Ihren Brief aus der Zukunft.

> **Möglichkeiten**
> - Was haben Sie durch das Schreiben des Briefes gelernt?
> - Welche Dinge, die Sie in Ihrem Brief beschreiben, sind in Ihrem realen Leben noch nicht geschehen?
> - Was, glauben Sie, würde passieren, wenn diese Dinge tatsächlich geschehen würden?
> - Welchen ersten Schritt könnte Sie in Richtung der Zukunft, die Sie sich wünschen, tun?

Bewahren Sie den Brief an einem Ort auf, der nur Ihnen zugänglich ist, so dass Sie ihn gegebenenfalls immer wieder lesen können. Nachdem Kate den Brief geschrieben hatte, sagte sie zu mir: »Es ist zwar nur ein imaginärer Brief, aber ich habe jetzt mehr Hoffnung. Offenbar hat er mir irgendwie das Gefühl gegeben, dass sich meine Situation verbessern kann. Nachdem ich ihn geschrieben hatte, wurde mir klar, dass darin ein paar Dinge standen, die ich jetzt tun kann, auch schon bevor ich einen neuen Job gefunden habe.«

Kates Brief mag realistischer wirken als Johns Brief, aber die Veränderungen, zu denen es dadurch in ihrem Leben kam, waren ebenso gewaltig wie bei John, auch wenn sich eine »durchschlagende« Wirkung erst im Laufe der Zeit einstellte. Nachdem sie ihren Brief aus der Zukunft geschrieben hatte, erlebte sie eine gute Woche. Sie berichtete mir mit deutlich positiverem Gesichtsausdruck, sie habe den Brief als Orientierung benutzt und angefangen, Werktage mit Tamara spielerischer zu beginnen, so wie sie es sich in ihrem Brief ausgemalt hatte; außerdem hatte sie einen Babysitter engagiert, um in der folgenden Woche mit einem Freund zum Abendessen ausgehen zu können.

Die Collage des Herzenswunsches

Doch in Kates Augen war immer noch eine Spur Traurigkeit, und sie ließ die Schultern hängen, als ob sie nach wie vor die Last einiger übler Dinge trüge, die in ihrem Leben geschehen waren. Sie blieb einen Augenblick in stilles Nachdenken versunken, doch dann platzte sie heraus: »Ich habe Angst. Ich fühle mich zwar generell ein wenig besser, aber ich fürchte, dass ich das, worüber ich mich in meinem Brief geäußert habe, aus den Augen verlieren werde; dass es auf der Strecke bleiben wird und dass ich mein Leben lang auf diesen Job festgenagelt sein werde. Ich habe schon vorher versucht, etwas zu verändern, doch es scheint nie zu funktionieren. Ich bringe nichts zu Ende. Ich will das zwar, schaffe es aber einfach nicht.«

Kate lag mit ihrer Sicht nicht völlig falsch. Sie hatte ein Recht darauf, Angst zu haben. Sich zu verändern ist hart, und es kann nur zu leicht passieren, dass wir hauptsächlich auf unsere Ängsten fixiert sind, statt unsere innigsten Hoffnungen und Träume zu verwirklichen. Kate brauchte eine Möglichkeit, zu den üblen Dingen, die sie erlebt hatte und die sie niederdrückten, einen Ausgleich zu schaffen. Gelang ihr dies nicht, lief sie Gefahr, jene andere Art von Zukunft aus dem Blick zu verlieren, die in ihrem Geiste im Entstehen begriffen war.

Kate brauchte etwas, woran sie sich festhalten konnte, um den Träumen und Zielen, die ihr Hoffnung und Kraft gaben, in ihrem Denken einen festen Platz zu sichern. Ihre nächste Aufgabe, eine Collage ihres Herzenswunsches zu schaffen, diente genau diesem Zweck.

Die Collage des Herzenswunsches verstärkt die Hoffnungen und Träume, die Sie in Ihrem Brief aus der Zukunft beschrieben haben. Indem Sie sie auf diese Weise greifbar machen, stärken Sie ebenfalls ihre Präsenz im Unbewussten.

Sammeln Sie zunächst Fotos, Postkarten, Zeichnungen sowie Abbildungen aus Magazinen, die Sie an Ihre Herzenswünsche erinnern. Papier, Lederstücke oder Stoffreste in Ihren Lieblingsfarben eignen sich ebenfalls, wenn sie Ihnen angenehm sind. Wenn Sie wollen, können Sie auch Objekte aus der Natur wie

Zweige, getrocknete Blumen oder kleine Muscheln verwenden. Denken Sie auch an Bilder, die Sie selbst gemalt oder gezeichnet haben.

Ferner können Sie direkt auf Ihre Collage Wörter schreiben. Als Kate an der Collage ihres Herzenswunsches arbeitete, fügte sie die Worte »Ich verdiene es, Gutes zu erleben. Ich verdiene es, glücklich zu sein« hinzu.

Ein kleiner Schritt

Nehmen Sie sich für diese Übung mindestens eine Stunde Zeit. Es ist wichtig, an welchem Ort Sie diese Zeit verbringen. Sorgen Sie dafür, dass Sie nicht gestört werden, oder, falls andere Menschen in der Nähe sind, dass diese das, was Sie tun, nicht bewerten und dass sie Sie darin unterstützen. Sie benötigen ein Stück Karton von mindestens 20 mal 25 Zentimetern Größe sowie eine Sammlung von Dingen, die jene Hoffnungen und Träume symbolisieren, die Sie in Ihrem Brief aus der Zukunft zu erforschen begonnen haben.

Kleben Sie nun Ihre Objekte auf den Karton. Ordnen Sie sie so an, wie es Ihnen am besten gefällt. Sie können sie sich überlappen lassen oder aufeinander schichten, ein Bild komponieren oder die Objekte nach dem Zufallsprinzip zu einem abstrakten Gebilde zusammenfügen, das Ihren Herzenswunsch für die Zukunft zum Ausdruck bringt.

Nehmen Sie sich einen Augenblick Zeit, um zu notieren, was Sie durch die Übung gelernt haben und wie Sie sich danach fühlen.

Möglichkeiten

- Wie war es für Sie, eine auf Ihren Hoffnungen und Träumen basierende Collage zu entwickeln?
- Woran haben Sie bei der Arbeit an der Collage Ihres Herzenswunsches gedacht?
- Halten Sie nun inne und schauen Sie sich das Resultat an. Was sagt es Ihnen darüber, wer Sie tief im Innern sind, jenseits aller Irritationen, Ablenkungen und Schmerzen, die das Leben mit sich bringt?

Denken Sie während der Arbeit an Ihrer Collage daran, dass das Ziel die Wiederentdeckung der freien kindlichen Vorstellungskraft Ihres wahren Selbst ist. Dies bedeutet: Sie dürfen spielerisch und spontan sein, und es ist in Ordnung, chaotisch zu sein. Seien Sie nicht überrascht, wenn Ihnen während der Arbeit an der Collage immer neue Ideen einfallen. Das ist völlig normal.

Bewahren Sie die Collage Ihres Herzenswunsches an einem Ort auf, wo Sie sie regelmäßig sehen, beispielsweise in einer Schublade, in der sich Gegenstände befinden, die Sie jeden Tag brauchen. (Meine Collage lag ein paar Jahre lang in einer Schublade für Socken.)

Wahrscheinlich umfasst Ihr Herzenswunsch auch eine Anzahl von Dingen, die Sie in Zukunft gern besitzen würden. Auch bei Kate war das so. Abgesehen von einem Bild von einer Frau an einem Schreibtisch, die glücklich wirkte (was darstellen sollte, dass sie sich bei ihrer Arbeit wohl fühlte), enthielt die Collage auch Schnappschussfotos von ihr und ihrer Tochter und aus Magazinen ausgeschnittene Herzen, die eine zukünftige Liebesbeziehung symbolisierten; weiterhin war eine Abbildung von einem wunderschönen weißen Möbelstück aus Korb in die Collage einbezogen, das sie sich für ihre geschlossene Veranda wünschte, sowie ein Bild von einem neuen Auto, das sie aus einer Werbebroschüre ausgeschnitten hatte.

Grundsätzlich ist gegen die Einbeziehung materieller Wünsche in eine solche Collage nichts einzuwenden. Wenn jemand dies tut, deutet es oft darauf hin, dass der Betreffende insofern Fortschritte macht, als er das Gefühl zulässt, er habe die materiellen Objekte, die er sich wünscht, verdient. Dies zeigt, dass Sie sich aus der negativen Geisteshaltung herausgearbeitet haben, die gewöhnlich durch schmerzhafte Ereignisse entsteht. Es ist grundsätzlich zu begrüßen, wenn Sie bekommen, was Sie sich wünschen.

Ihr Glück

Das nächste Kapitel in diesem Buch hilft Ihnen, Ihren Zielen näher zu kommen. Doch bevor wir über die reine Frage, *was* Sie wollen, hinausgehen und uns der konkreten Umsetzung dieses Vorhabens zuwenden, müssen wir uns mit dem Glück selbst beschäftigen.

Wir alle kennen wohl den Satz »Geld macht nicht glücklich«. Mittlerweile hat auch eine groß angelegte Studie der University of Chicago ergeben, dass zwischen materiellem Reichtum und Glück keinerlei Korrelation besteht (Csikszentmihalyi 2008) – einmal vorausgesetzt, dass die grundlegenden Bedürfnisse, die Nahrung, Obdach und Kleidung betreffen, gedeckt sind, also keine extreme Armut besteht. Glück ist vielmehr das, was folgender Satz beschreibt, den ich in einem Antiquitätenkatalog gefunden habe: »Entscheidend für unser Glück ist nicht, wie viel wir besitzen, sondern wie viel Freude wir an dem haben, was uns gehört.«

Sich freuen zu können ist eine Fähigkeit, die man erlernen und vervollkommnen kann. Im letzten Abschnitt dieses Kapitels werden zwei Übungen vorgestellt, die Ihre Fähigkeit, sich des neuen Lebens, an dessen Verwirklichung Sie arbeiten, zu erfreuen, verbessern sollen.

Eine Haltung der Dankbarkeit entwickeln

Sarah Ban Breathnach empfiehlt uns in ihrem wunderbaren Buch *Einfachheit und Fülle*, täglich in einem »Dankbarkeitstagebuch« zu notieren, wofür wir an einem bestimmten Tag dankbar sind. Diese Aufzeichnungen kann man in einem normalen Tagebuch zusätzlich vermerken, oder man kann speziell für sie ein Notizbuch anlegen.

Selbst wenn Sie sich nicht die Mühe machen wollen, jeden Tag aufzuschreiben, wofür Sie dankbar sind, hat auch die Aus-

einandersetzung damit, wofür Sie dankbar sein könnten, eine ermutigende Wirkung, weil sie Ihrem Denken eine positive Orientierung gibt.

> **Ein kleiner Schritt**
> Kultivieren Sie Ihre Dankbarkeitshaltung. Identifizieren Sie mindestens drei Dinge, für die Sie dankbar sind. Denken Sie über diese drei Dinge nach und achten Sie darauf, wie sich dies auf Ihre Stimmung auswirkt. Wiederholen Sie die Übung eine Woche lang jeden Tag und beobachten Sie, was geschieht, nachdem Sie die drei positiven Dinge in Ihrem Leben erkannt haben. Stellen Sie fest, wie leicht oder schwierig dies für Sie ist. Am wichtigsten jedoch ist, sich über die Wirkung klar zu werden, die nach mehreren Tagen eintritt.

Kate fiel es ziemlich leicht, Dinge aufzulisten, für die sie dankbar war – was nicht bei jedem Menschen so ist. Ihr kamen sofort ihre süße kleine Tochter, ihre Freunde und die Tatsache, dass sie gesund war, in den Sinn. Kate stellte fest, dass es ihr half, sich die Liste der Dinge, für die sie dankbar war, abends unmittelbar vor dem Zubettgehen zu vergegenwärtigen, um sich zu entspannen und friedlich einzuschlafen. Und wenn sie sich die Liste morgens unmittelbar nach dem Aufwachen vorstellte, fühlte sie sich von den Anforderungen des neuen Tages weniger überwältigt.

Einen neuen Einfluss in Ihrem Leben schaffen

Kinder lernen, indem sie Vorbilder nachahmen. Auch später wird die Fähigkeit, ein befriedigendes und von Freude geprägtes Leben zu führen, im Guten wie im Schlechten von den Menschen bestimmt, die Ihr Denken und Ihre Lebensgewohnheiten beeinflussen. Welche Bedeutung einige Menschen für uns haben und wie sie uns beeinflussen, entzieht sich weitgehend unserer Kontrolle.

Dies galt auch für Kate, die nach einwöchiger Arbeit mit der Dankbarkeitsliste Folgendes beobachtete: »Das ist eine sehr gute Sache. Ich habe Tamara erklärt, worum es dabei geht, und wir tun es seither gemeinsam, bevor ich sie abends ins Bett bringe. Es gefällt ihr. Ich wünschte mir, ich hätte in meinem Leben jemanden gehabt, der mir solche Dinge beigebracht hätte. Es mag entsetzlich klingen, aber manchmal wünschte ich mir, ich hätte andere Eltern gehabt, weil meine mich nicht besonders positiv beeinflusst haben. Ihnen war es nicht so wichtig, ihr Leben zu genießen und ihren Kindern das Leben angenehm zu machen; und ich fürchte, das hat sich auch auf mein Leben ausgewirkt.«

Für die folgende Übung sollten Sie einen Menschen auswählen, dessen Einfluss auf Ihr Leben Sie sich gewünscht hätten, und Sie sollten einen Teil der Weisheit, die Sie mit diesem Menschen verbinden, in Ihr Bewusstsein integrieren. Die Übung kann ein Gegengewicht zu weniger positiven oder weniger nützlichen Einflüssen in Ihrem Leben herstellen.

Ein kleiner Schritt

Denken Sie an jemanden, der eine Lebensweise verkörpert, die Sie schätzen – an einen Menschen, den Sie in irgendeiner Hinsicht bewundern. Er kann noch am Leben oder tot sein, berühmt oder unbekannt. Es kann jemand sein, den Sie persönlich kennen, oder jemand, der Ihnen nur aus der Literatur, aus Filmen oder aus Geschichten, die Sie gehört haben, bekannt ist. Besorgen Sie sich wenn möglich ein Bild von dieser Person (oder zeichnen Sie selbst eines) und schauen Sie es sich während der Übung an.

Verfassen Sie eine ausführliche Beschreibung dieses Menschen, und heben Sie darin die Qualitäten hervor, die Sie an ihm am meisten bewundern. Denken Sie nun darüber nach, warum Sie sich wünschen, dass gerade dieser Menschen Ihr Leben beeinflusst.

Möglichkeiten

- Was erscheint Ihnen daran, wie diese Person mit dem Leben umgeht, besonders attraktiv?
- Wie würde diese Person auf Ihre aktuelle Situation reagieren?

Kate war selbst überrascht, dass sie sich als neuen, wünschenswerten Einfluss auf ihr Leben Mr. Stanley aussuchte, einen Lehrer für Naturwissenschaften, den sie in der siebten Klasse gehabt hatte. Sie hatte ihn nie besonders gut kennen gelernt, sich von ihm aber stets sehr unterstützt und ermutigt gefühlt. Er war in der Schule einer der Wenigen gewesen, die Mädchen dazu ermutigt hatten, einen Beruf aus dem naturwissenschaftlichen Bereich zu wählen. Kate hatte das Gefühl gehabt, dass sie ihm sympathisch war und dass er sie respektierte. Er hatte so fest an ihre Begabung geglaubt, dass er sie zur Teilnahme an einem naturwissenschaftlichen Schulwettbewerb aufgefordert hatte, den sie dann auch tatsächlich gewonnen hatte. Folgendes schrieb Kate über ihn:

»Mr. Stanley war ein sehr freundlicher Mensch. Man konnte das an der Art erkennen, wie er einen durch seine altmodische Plastikbrille anschaute. Er war auch sehr klug. Ich habe nie erlebt, dass er auf eine Frage, die jemand ihm im Unterricht stellte, keine Antwort wusste; aber eingebildet war er trotzdem nicht.

Wenn ich mir vorstelle, was Mr. Stanley in meiner augenblicklichen Situation sagen oder tun würde, so nehme ich an, dass er ruhig seiner Arbeit nachgehen würde, aber gleichzeitig sehr stark wäre. Er würde nicht dulden, dass einer seiner Schüler oder jemand anders irgendwelchen Unsinn machte, und ich bin mir sicher, dass er sich von Seiten meines Chefs keine lächerlichen Forderungen gefallen ließe. Er würde dann einfach auf seine ruhige, sichere Art Nein sagen.

Er konnte auf eine Art reden, die klar machte, dass er ernst meinte, was er sagte. Außerdem hat Mr. Stanley nie aufgehört, Neues zu lernen. Auch meine Situation würde er, wenn er darin wäre, als Möglichkeit zu lernen verstehen. Er würde alle möglichen Fortbildungen machen und dadurch schließlich eine bessere Arbeit finden.«

Leider war Mr. Stanley schon lange tot. Doch mit Hilfe der Übung gelang es Kate, die Qualitäten, die sie mit diesem Lehrer assoziierte, zu einem wichtigen Einfluss für ihr gegenwärtiges Leben zu machen. Der ehemalige Lehrer verkörperte viele Werte, denen sie mehr Raum geben musste, um ihr Leben so gestalten zu können, wie sie es sich wünschte. Danach hatte Kate mehr Vertrauen in ihre eigene Intuition.

Ihr Glück

> **Ein kleiner Schritt**
>
> Denken Sie an die Person, die Sie als neuen Einfluss für Ihr Leben ausgewählt haben.
>
> **Möglichkeiten**
>
> - In welcher Hinsicht gleichen Sie der Person, die Sie in dieser Übung beschrieben haben?
> - In welcher Hinsicht unterscheiden Sie sich von dieser Person?
> - Welche Aspekte der Lebensweise dieser Person möchten Sie in Ihr eigenes Leben integrieren?
> - Tun Sie bereits jetzt Dinge, die dies verkörpern? Wenn ja, wie würde es sich auswirken, wenn Sie ein wenig mehr davon tun würden, um diese Qualität noch stärker in Ihre eigene Persönlichkeit zu integrieren? Wenn nicht, was wäre dann der erste kleine Schritt auf dem Weg zur Lebensweise des Betreffenden?
> - Wenn Sie nicht glauben, dass Sie selbst über einige der besonderen Qualitäten der Person, die Sie bewundern, verfügen: An welcher Verhaltensweise ließe sich erkennen, dass Sie begonnen haben, diese Qualitäten zu integrieren? Versuchen Sie, dies mit Hilfe einer von 1 bis 10 reichenden Skala einzuschätzen (wobei die 10 bedeutet, dass es Ihnen im höchstmöglichen Maße gelungen ist, ein von Ihnen gewünschtes Verhalten in Ihr Leben zu integrieren, und die 1, dass Ihnen dies ganz und gar nicht gelungen ist).
> - Was könnten Sie tun, um Ihren Wert um mindestens einen halben Punkt zu erhöhen? Experimentieren Sie und achten Sie darauf, was sich dadurch für Sie ändert. Finden Sie anschließend heraus, worin der nächste kleine Schritt bestehen würde, der die gewünschte Qualität fördert, und probieren Sie diesen aus.

Der erste Schritt, den Kate als sinnvoll erkannte, bestand darin, sich bewusst um ein ruhiges Verhalten während der Arbeit zu bemühen – so wie sie sich vorstellte, dass Mr. Stanley es getan hätte. Schon bald merkte sie, dass sie sich in der Nähe ihres Chefs ruhig verhielt und Stärke und Selbstsicherheit ausstrahlte – und dass ihr eigenes Verhalten sie tatsächlich an Mr. Stanley erinnerte. Wenn ihr auffiel, dass sie von ihrem Chef oder von Arbeitskollegen unter Druck gesetzt wurde, stellte sie sich Mr. Stanleys Gesicht vor.

Sie sagte zu mir: »Es ist eigenartig, aber seit ich Mr. Stanleys Einfluss in meinem Leben Raum gegeben habe, fühle ich mich an meinem Arbeitsplatz viel mehr respektiert. Mein Chef spürt offenbar, dass ich stärker geworden bin. Er hat nicht einmal mehr versucht, mich zu Überstunden zu überreden. Es ist fast so, als hätte ich mir eine männliche Energie angeeignet, die mir hilft, mich an meinem Arbeitsplatz für mich selbst stark zu machen.«

Welche Veränderungen haben Sie bemerkt, nachdem Sie den Einfluss, den Sie sich in Ihrem Leben wünschten, integriert hatten? Achten Sie in den kommenden Tagen darauf, wie sich der neue Einfluss, den Sie zugelassen haben, in Ihrem Leben auswirkt. Es kann nützlich sein, sich das Gesicht der Person, die Sie gewählt haben, in schwierigen Situationen vorzustellen.

Sie können es! – Hoffnungen und Träume Wirklichkeit werden lassen

Was immer du tun kannst oder wovon du träumst – fang damit an.
Kühnheit besitzt Genie, Macht und magische Kraft.
John Anster, Johann Wolfgang von Goethe zugeschrieben

Dieses Kapitel bringt Sie dem Leben näher, das Sie sich für die Zukunft wünschen, indem es Ihnen Schritte beibringt, die am Ende zu einem »Wunder« führen werden – wobei »Wunder« nach Kenneth Wapnick als »Kurskorrektur« zu verstehen ist. Wenn ich ein persönliches Wunder als Kurskorrektur bezeichne, will ich damit keineswegs den spirituellen Aspekt eines Wunders ausklammern, sondern aktives Handeln dem passiven Erwarten gegenüberstellen. Schon Benjamin Franklin hat beobachtet: »Gott hilft denjenigen, die sich selbst helfen.«

Im ersten Abschnitt dieses Kapitels werden Sie sich eine Brücke vorstellen, die Sie in eine gewünschte Zukunft führt. Im zweiten Abschnitt werden Sie eingeladen, sich ein Wunder vorzustellen, und anschließend wird beschrieben, welche Schritte Sie zu Ihrem Wunder führen und Ihren Träumen und Zielen näher bringen.

Die Wunderbrücke

Ich habe meine frühe Kindheit auf einer isolierten ländlichen Halbinsel verlebt, die vom Festland aus nur mit einer Fähre zu erreichen war, die 30 Minuten brauchte. Nur auf dem Festland gab es Lebensmittelgeschäfte mit reichem Angebot sowie Läden für Metallwaren, Spielzeug, Garn, Wolle für Pullover und Stoff

für warme Kleidung, die wir in den sehr ungemütlichen Wintern auf unserer Halbinsel dringend brauchten.

Wir mussten regelmäßig mit der Fähre zum Festland übersetzen, weil wir viele für uns lebenswichtige Güter auf unserer kleinen Halbinsel nicht kaufen konnten. Als Kind hatte ich das Gefühl, dass wir alles, was wir brauchten, um unser Leben interessant zu gestalten und um glücklich zu sein, nur auf dem Festland bekamen.

Stürme und starker Wind machten die Überfahrt oft so schwierig, dass die Fähren ausfielen. Ich erinnere mich noch, wie ich in unserer Küche stand und aus dem Fenster auf das dunkle Wasser schaute. Wenn ich sah, dass sich die Wellen mit ihren weißen Gischtkronen immer höher auftürmten, wusste ich, dass mein lang ersehnter Besuch in einem Laden auf dem Festland, wo alle Waren nur fünf oder zehn Cent kosteten, ausfallen musste.

Schließlich wurde eine acht Kilometer lange Brücke gebaut. Viele Bewohner unserer kleinen Stadt hatten das Vorhaben, zwei so weit auseinander liegende Punkte durch eine Brücke zu verbinden, für völlig unsinnig gehalten. Deshalb wurde die Brücke, nachdem sie fertiggestellt war, oft die »Wunderbrücke« genannt. Diese Brücke veränderte die Situation in unserer Stadt völlig, denn sie erleichterte den Bewohnern das Leben in einem Maße, wie es sich vorher niemand von uns hätte vorstellen können.

In manchen Augenblicken erscheinen uns die Dinge, die wir uns in unserem Leben wünschen, als ebenso unerreichbar, wie uns Bewohnern jener kleinen isolierten Stadt auf der Halbinsel damals an stürmischen Tagen das Festland erschien. Mit Hilfe der in diesem Kapitel vorgestellten Übungen können Sie sich allmählich Ihre eigene Wunderbrücke in das Leben bauen, auf das Sie schon so lange warten – in ein Leben, das aus dem Vollen Ihrer Hoffnungen, Träume und Ziele schöpft.

Die Wunderfrage

Kate (von der schon im vorigen Kapitel die Rede war) fühlte sich besser, aber ihr fehlte noch etwas zu ihrem Glück und ihrem persönlichen Erfolg. Sie brauchte eine Brücke, welche die Kluft zwischen dem Leben, das sie führen wollte, und den Einschränkungen ihres aktuellen Lebens überspannte.

> Kate sagte: »Ich möchte wirklich das erreichen, was ich in meinem Brief aus der Zukunft beschrieben und in der Collage meines Herzenswunschs ausgedrückt habe; aber ich kann mir schwer vorstellen, wie sich meine größeren Pläne konkret umsetzen lassen, etwa mich nach einer neuen Arbeit umzuschauen. Manchmal habe ich das Gefühl, nur ein Wunder könnte das Leben, das ich im Moment führe, in das Leben zu verwandeln, das ich eigentlich führen will.«

Die Wunderfrage (die von Steve de Shazer und Insoo Kim Berg erfunden wurde) ist der erste Schritt zum Bau einer Brücke in die Zukunft, die Sie sich wünschen. Sie fordert uns auf, uns vorzustellen, was ein Wunder in unserem Leben bewirken würde.

Ein kleiner Schritt

Stellen Sie sich vor, mitten in der Nacht, während Sie schliefen, sei ein Wunder geschehen, und das größte Problem, das Sie zurzeit beschäftigt, wäre entweder gelöst, oder Sie hätten plötzlich eine Möglichkeit gefunden, auf eine für Sie befriedigende Weise damit umzugehen. Lassen Sie für einen Augenblick alle Zweifel, allen Zynismus und alle Skepsis beiseite und achten Sie nur auf das, was Ihnen in den Sinn kommt, während Sie Ihre Fantasie über die Wirkung dieses Wunders erforschen. Was wäre nach dem Wunder anders?

Weil das Wunder geschehen war, während Sie schliefen, wussten Sie am nächsten Morgen nach dem Aufwachen nicht, was passiert war. Im Laufe des Tages merkten Sie allmählich, dass sich etwas verändert hatte, dass die Probleme, mit denen Sie sich noch am Vortag abgemüht hatten, gelöst waren.

Als ich Kate mit der Wunderfrage konfrontierte, antwortete sie nicht sofort. Schließlich benutzte sie eine Formulierung, die sie auch in früheren Gesprächen verwendet hatte: »Ich weiß nicht …« Manche halten dieses »Ich weiß nicht« für einen Ausdruck von Zaghaftigkeit, für eine vorauseilende Infragestellung der anschließenden Aussage. Doch man kann sich angewöhnen, »Ich weiß nicht« zu sagen, wenn die eigenen Gedanken und Gefühle von anderen Menschen wiederholt abgewertet worden sind. Dies gilt insbesondere, wenn Sie oft abfällige Kommentare von Ihren Eltern gehört haben. Als Psychotherapeutin höre ich aus dieser Formulierung allerdings noch etwas anderes heraus. »Ich weiß nicht« kann die Zauberformel sein, die es jemandem ermöglicht, sich »gefahrlos« Dinge vorzustellen, an die er sich andernfalls nicht heranwagen würde.

Kate antwortete schließlich: »Ich würde dort nicht mehr arbeiten. Und ich würde nicht mehr mitten in der Nacht aufwachen und mir Sorgen über die Zukunft machen.« So wie bei den meisten Menschen bestand auch bei Kate die erste Reaktion auf die Wunderfrage darin auszuführen, was sie *nicht* mehr tun würde, nachdem ein Wunder ihr Leben verändert hätte.

Auf die Bitte, sich vorzustellen, welche *neuen* Dinge sie tun würde, war Kate zunächst ratlos. Doch dann fielen ihr ein paar Dinge ein:

»Ich würde mich freuen, zur Arbeit zu gehen. Ich wäre dann jeden Nachmittag um 17.30 Uhr wieder zu Hause. Dann würde ich mit Tamara spielen, weil ich nicht so müde wäre. Und wenn sie beschäftigt wäre, könnte ich das Haus putzen, um den Aufenthalt darin angenehmer zu machen. Würde wirklich ein Wunder geschehen, wäre mein Haus wahrscheinlich schon sauber, und es würde mir so, wie es dann wäre, gefallen. Ich hätte Zeit für kreative Arbeiten wie Malen oder Kalligrafie, das Spielen mit Schrift, so wie ich es früher gemacht habe. Und ich hätte abgenommen. Ich wäre schlank und fit.«

Wenn Sie es noch nicht getan haben, sollten Sie sich nun die Zeit nehmen, um sich selbst die Wunderfrage zu beantworten. Falls Sie es als befreiend empfinden, können Sie mit »Ich weiß nicht« beginnen. Stellen Sie möglichst präzise dar, was geschehen würde, nachdem Ihr Wunder eingetreten wäre, statt zu beschreiben, was *nicht* geschehen würde.

Kleine Anzeichen für ein Wunder

Als Nächstes geht es darum herauszufinden, woran Sie zuerst merken würden, dass ein Wunder geschehen wäre. Diese Anzeichen sind die Bohlen, die sie zum Bau Ihrer Wunderbrücke brauchen.

> **Möglichkeiten**
> - An welchem ersten kleinen beobachtbaren Anzeichen würden Sie erkennen, dass Ihr Wunder eingetreten wäre und Ihre Situation sich verändert hätte?
> - An welchen Ihrer Verhaltensweisen würden andere Menschen zuerst erkennen, dass in Ihrem Leben ein Wunder geschehen wäre?
> - Was würden die Menschen, die mit Ihnen zusammenleben, merken?
> - Was würden Ihre Arbeitskollegen merken?

Falls es Ihnen schwer fällt, kleine Anzeichen dafür zu entdecken, dass Ihr Wunder tatsächlich geschehen ist, können Sie sich vorstellen, Sie hätten eine Videoaufnahme von sich selbst, die in dem Augenblick einsetzen würde, in dem Ihr Wunder geschähe. Bei welcher Tätigkeit würde diese Videoaufnahme Sie zeigen, wenn sie den ersten Tag (und die erste Nacht) nach dem Geschehen Ihres Wunders dokumentieren würde? An welchem Bild dieses Videos würden Sie merken, dass Ihr Wunder geschehen wäre? Was wäre das nächste Bild, an dem Sie dies erkennen würden?

Nützlich ist auch, sich vorzustellen, was ein kleines Kind in solch einem Fall bemerken würde, denn die Beobachtungen von Kindern sind in ihrer Einfachheit gewöhnlich sehr klar. Ebenso könnten Sie sich vorstellen, was ein Haustier, etwa eine Katze oder ein Hund, bemerken würde, sofern dieses Tier sprechen und Ihnen schildern könnte, was ihm aufgefallen ist.

Denken Sie daran, dass es um Anzeichen für Verhaltensänderungen geht. Diese erweisen sich als besonders hilfreich, weil es sich um konkrete Dinge handelt, für die Sie sich aktiv entscheiden können. Wenn es sehr kleine Veränderungen sind, eignen sie sich ideal als erste Seile für Ihre Wunderbrücke.

> Nachdem Kate wie zu erwarten mit ihrem Markenzeichen »Ich weiß nicht« begonnen hatte, kam sie schnell zur Sache und beschrieb sehr konkrete Anzeichen für ihr Wunder:
> »Ich würde morgens aufwachen und hätte gute Laune, weil ich eine neue Arbeit hätte, die mir gefiele. Und weil ich gute Laune hätte, würde ich wahrscheinlich optimistisch ins Zimmer meiner Tochter gehen und sie entsprechend aufwecken. Vielleicht würde ich sie kitzeln oder mir irgendeinen Scherz erlauben. Ich würde mich zu ihr hinab beugen und ihr einen Kuss auf die Stirn geben. Solche Dinge tue ich mittlerweile ohnehin schon etwas häufiger als früher. Und aufgrund meiner guten Laune wäre ich früh aufgestanden, um zu trainieren. Ich würde beim Training fernsehen, während Tamara ihre Getreideflocken essen und sich *Sesamstraße* anschauen würde. Tamara würde sich wundern, dass ich trainiere.«

Das Wunder Wirklichkeit werden lassen

Damit Ihr Wunder wahr werden kann, müssen Sie eines der kleinen Verhaltensanzeichen erkennen, die darauf hinweisen, dass das Wunder geschehen ist. Nach und nach können Sie dann weitere Veränderungen in Ihr Leben integrieren, bis Sie schließlich eine Brücke zu dem vorgestellten Wunder geschlagen haben.

> **Ein kleiner Schritt**
>
> Beginnen Sie mit einem einzigen kleinen Schritt und arbeiten Sie zunächst einen Tag lang an ihm. Nehmen Sie sich ein möglichst leichtes Verhalten vor, an dem Sie erkennen könnten, dass Ihr Wunder geschehen ist. Laden Sie sich am Anfang nicht zu viel auf, denn das könnte Sie entmutigen und den Erfolg gefährden.
>
> Am leichtesten ist es, zunächst einmal darüber nachzudenken, ob Sie vielleicht schon etwas tun – wenn auch nur selten –, das Sie unter den Anzeichen dafür, dass Ihr Wunder bereits geschehen ist, genannt haben. Wie würde es sich wohl auswirken, wenn Sie sich häufiger als bisher so verhalten würden? Wenn eine solche Handlung Sie Ihrem Wunder näher bringt, könnte Ihr erster Schritt zum Bau der Wunderbrücke darin bestehen, mit dieser Aktivität einfach fortzufahren oder sie zu verstärken.

Menschen, die sich immer wieder über ein Problem beklagen, aber nichts tun, um es zu lösen, gelten oft als faul. Doch was bei unglücklichen Menschen auf den ersten Blick wie Faulheit wirken mag, ist in Wahrheit meist Versagensangst. Weil sie nicht genügend Vertrauen zu ihren eigenen Fähigkeiten haben, fühlen sie sich angesichts des gewaltigen Unterschiedes zwischen dem Leben, das sie im Moment führen, und dem Leben, das sie führen wollen, völlig überfordert. Sie müssen lernen, diese Kluft zu überbrücken, indem Sie die zu bewältigende Aufgabe in so kleine und abgestufte Teilziele gliedern, dass Sie bei Ihren Bemühungen, diese zu erreichen, eher das Gefühl bekommen, *unterfordert* zu sein.

Ich fragte Kate, ob sie in der kommenden Woche morgens zeitig aufstehen, ihre Tochter auf die Stirn küssen, mit ihr spielen und eine Weile auf ihrem Ergometer trainieren könne, bevor sie ihr Haus verließe. Sie antwortete: »Natürlich kann ich das. Ich glaube nicht, dass es zu viel für mich ist. Teilweise mache ich es doch sowieso schon so mit meiner Tochter. Wäre es nicht besser, noch etwas mehr zu versuchen?« Daraufhin erklärte ich ihr, weshalb es wichtig ist, mit relativ kleinen Schritten zu beginnen.

Schon die kleinsten Verhaltensänderungen können auf die Menschen in Ihrer Umgebung eine positive Wirkung haben. Beispielsweise reagierte Kates Tochter Tamara sehr positiv darauf, dass ihre Mutter in guter Stimmung war und mit ihr morgens entsprechend umging. Und Tamaras positive Reaktion verstärkte Kates neues Verhalten.

Indem Sie sich überlegen, an welchen kleinen beobachtbaren Anzeichen Sie erkennen könnten, dass Ihr persönliches Wunder geschehen ist, identifizieren Sie Verhaltensweisen, die Ihnen keine Angst machen und die zu entwickeln für Sie unproblematisch ist. Weil diese Verhaltensänderungen minimal und genau definiert sind, können Sie Ihrer Verpflichtung, sie auszuführen, nachkommen – weil Sie sich durch das, was Sie sich vorgenommen haben, nicht eingeschüchtert fühlen und weil die jeweiligen Teilschritte Sie nie überfordern. Und so sicher, wie am Morgen die Sonne aufgeht, führen diese zunächst kleinen, schrittweisen Verhaltensänderungen schließlich zu größeren Veränderungen, in deren Folge Ihr persönliches Wunder letztendlich eintreten kann.

Wenn Ihnen die jeweiligen Schritte unnötig klein erscheinen, können Sie sie jederzeit größer fassen, wobei Sie allerdings darauf achten müssen, sie nur so groß werden zu lassen, dass Sie sie in den nächsten Tagen wirklich bewältigen können. Falls ein Schritt Ihnen zwar als möglicherweise anstrengend, aber keinesfalls furchterregend erscheint, spricht nichts dagegen, ihn auszuprobieren.

Die nächsten kleinen Schritte

Eine Woche, nachdem Kate sich das Ziel gesetzt hatte, zwei kleine Anzeichen für ein Wunder in ihr Alltagsleben zu integrieren – den Tag gut gelaunt zu beginnen und jeden Morgen vor der Arbeit zu trainieren –, erzählte sie mir: »Ich fühle mich jetzt besser. Zwar

nicht spitzenmäßig, aber eindeutig besser als vorher. Ich könnte nicht sagen, dass mir mein Leben in seiner jetzigen Form restlos gefällt, aber zumindest finde ich es nicht mehr so schrecklich wie vorher. Was jetzt?«

Möglichkeiten

- Was wäre das nächste kleine Anzeichen dafür, dass Ihr Wunder tatsächlich eingetreten ist?

Auf diese Frage antwortete Kate, ohne auch nur einen Augenblick zu zögern: »Ich würde mit einer Diät beginnen.« Ich befürchtete, angesichts der anderen Veränderungen, an deren Umsetzung sie arbeitete, wäre eine Diät vielleicht eine zu große Belastung für sie. Doch sie versicherte mir, das sei nicht so. Ihr war klar, dass es wichtig war, ganz allmählich und in kleinen Schritten vorzugehen. Und tatsächlich wollte sie auch das Abnehmen in eine Anzahl kleiner Schritte unterteilen. Weil sie vor einigen Jahren mit Hilfe der Weight Watchers sehr erfolgreich abgenommen hatte, wollte sie zunächst feststellen, ob es in der Nähe ihres Wohnorts eine Weight-Watchers-Gruppe gab. Als nächsten Schritt wollte sie dann an einem dieser Treffen teilnehmen.

In der folgenden Woche nahm Kate zum ersten Mal an einem Treffen der Weight Watchers teil und begann mit der Umsetzung des Programms der Gruppe. Auch ihr morgendliches Training setzte sie fort, und sie weckte ihre Tochter weiterhin freundlich. »Das wirkt sich positiv auf unsere gesamte Kommunikation aus. Auch später, wenn ich sie von der Schule abhole, gehen wir lockerer miteinander um und sind beide glücklicher.« Zwei Wochen später berichtete Kate, sie habe sieben Pfund abgenommen und leide nicht mehr so sehr unter ihrer Arbeitssituation, obwohl sie immer noch nicht gern zur Arbeit gehe. Und sie hatte das Gefühl, mehr Energie zu haben.

Dann begann Kate, sich wieder mit Kalligrafie zu beschäftigen. Sie machte es sich zur Gewohnheit, einmal pro Woche mit jemandem auszugehen, und sie reinigte das Haus und räumte es auf – weitere Zeichen dafür, dass ihr Wunder geschehen war. Keine dieser Aktivitäten stand in direktem Zusammenhang mit

ihrer schwierigen Arbeitssituation; vielmehr handelte es sich um Dinge, auf die sie selbst ein erhebliches Maß an Einfluss hatte.

Nach drei Monaten sagte Kate zu mir: »Ich habe angefangen, Bewerbungen zu versenden, damit ich eine Alternative zu meiner augenblicklichen Arbeit finde. Das ist eigentlich so naheliegend, dass ich nicht begreife, weshalb ich vorher nicht in der Lage dazu war, denn schließlich ist das ja der Teil meines Lebens, der mir am wenigsten gefällt.« Als Kate dies sagte, saß sie nicht mehr mit hängenden Schultern, sondern kerzengerade auf ihrem Stuhl.

Das morgendliche Training und die wöchentlichen Besuche bei den Weight Watchers hatten sich ausgezahlt. Sie hatte so viel abgenommen, wie sie vorgehabt hatte. Und weil sie sich angewöhnt hatte, hin und wieder abends mit jemandem auszugehen, fühlte sie sich nicht mehr so einsam und langweilte sich nicht mehr so sehr – Gefühle, die zu ihrer Depression erheblich beigetragen hatten. Kate fühlte sich deutlich besser. Die Vorstellung, Bewerbungen abzuschicken, versetzte sie nicht mehr in Panik und in einen Lähmungszustand. Sie hatte jetzt die Energie für solche Bemühungen und traute sich zu, selbst mit Absagen fertig zu werden. Ihre Wunderbrücke war breit und stark genug, sie sicher über die Unwägbarkeiten zu geleiten, mit denen man bei Vorstellungsgesprächen rechnen muss.

Als sich ihre Stellensuche länger hinzog, als sie erwartet hatte, verfügte sie über genügend Energie, dies durchzustehen, und schließlich fand sie eine neue Stelle in einem Unternehmen, in dem sie respektvoll und fair behandelt wurde. Kürzlich hatte sie sogar eine Beziehung zu einem liebenswürdigen und sensiblen Mann begonnen – obwohl das gar kein Bestandteil des Wunders gewesen war, das sie sich ursprünglich ausgemalt hatte. Die ersten Anfänge ihres Wunders waren Wirklichkeit geworden, und diese halfen ihr, die Brücke in das Leben, das sie sich vorstellte, fertigzustellen.

Welches kleine Zeichen würde als Nächstes anzeigen, dass *Sie* auf dem Weg zur Verwirklichung Ihres Wunders sind? Versuchen Sie, bei passender Gelegenheit das nächste Anzeichen, das Sie beschrieben haben, zu verwirklichen. Achten Sie darauf, wie sich das auswirkt. Wenn es Ihnen gelungen ist, können Sie sich

mit Recht selbst auf die Schulter klopfen. Sie haben soeben einen weiteren Teil der Brücke zu Ihrem Wunder erbaut. Dies können Sie nötigenfalls so lange wiederholen, bis Sie alle Veränderungen umgesetzt haben, die Sie in Ihrem Leben erreichen wollen.

Dokumentieren Sie Ihre Fortschritte

Einer der Vorteile, die Kate bei der Verwirklichung ihres Wunders hatte, war, dass sie aufgrund unserer Zusammenarbeit in mir eine Zeugin für ihre Fortschritte hatte, jemanden, der ihre Arbeit beurteilen konnte. Das ist zwar nicht unbedingt erforderlich, aber wenn jemand Ihre Erfolge miterlebt, hilft Ihnen das, »in der Spur« zu bleiben.

Wenn Sie einen Menschen haben, der Sie unterstützt, keine negativen Urteile über Sie fällt und bereit ist, Ihre Fortschritte anzuerkennen und zu bestätigen, können Sie diese Person über Einzelheiten Ihres Wunders informieren und sie einladen, Ihre kleinen Schritte zu Ihrem Ziel, dem Wunder, zu verfolgen. Leider ist es manchmal schwierig, einen Menschen zu finden, der uns auf diese Weise unterstützt. Sogar gute Freunde und Familienangehörige, die Sie normalerweise akzeptieren und sich Ihnen gegenüber freundlich verhalten, fühlen sich zuweilen bedroht, wenn sie hören, dass Sie sich verändern wollen. Sie bringen dann ihre Skepsis zum Ausdruck oder fühlen sich zu Ratschlägen veranlasst, die vielleicht Ihren Elan beim Bau Ihrer Wunderbrücke bremsen.

Falls Sie niemanden haben, der bereit oder in der Lage ist, Ihnen Ihre Fortschritte in Richtung Ihres Wunders zu spiegeln, können Sie stattdessen Folgendes tun.

> **Ein kleiner Schritt**
>
> Zeichnen Sie zunächst eine Linie und an ihre beiden Enden ein Kreuz (oder ein anderes Symbol, das Ihnen gefällt): Stellen Sie sich vor, dass die Markierung an der linken Seite anzeigt, wo auf der Brücke zu Ihrem Wunder Sie vor der Beantwortung der Wunderfrage waren, und dass die Markierung auf der rechten Seite zeigt, zu welchem zukünftigen Zeitpunkt Sie das wunderbare Leben führen werden, das Sie sich in Ihrem Brief aus der Zukunft, in der Collage Ihres Herzenswunsches und in Ihrer Antwort auf die Wunderfrage ausgemalt haben.
>
> Markieren Sie nun den Punkt auf der Wunderbrücke, an dem Sie sich momentan befinden.
>
> **Möglichkeiten**
> - Was müssen Sie tun, um auf der Brücke zum Wunder einen Schritt weiterzukommen?
> - Welchen kleinen Schritt könnten Sie tun oder fortsetzen, der zeigen würde, dass Sie weitergekommen sind? Denken Sie darüber nach, was Sie in den nächsten Tagen in dieser Hinsicht unternehmen könnten.

Kate hatte schon viele Dinge verwirklicht, die dem Leben entsprachen, das sie sich wünschte; doch weitere Veränderungen würden ihr in noch stärkerem Maße das Gefühl vermitteln, dass ihr Leben sinnvoll war, und ihr noch mehr Freude bringen. Sie positionierte sich auf der Brücke zum Wunder hier:

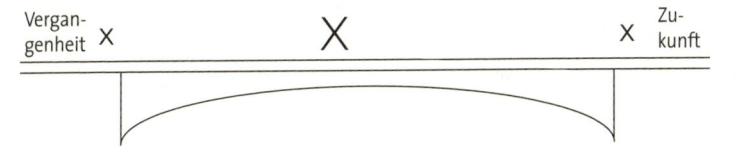

Vergangenheit X ———————— X ———————— X Zukunft

Beschäftigen Sie sich in den nächsten Tagen, Wochen und Monaten anlässlich der folgenden Übungen so oft wie nötig mit Ihrer Brücke zum Wunder. Ermöglichen Sie sich auf diese Weise die Art von Leben, die Sie sich wünschen. Auf ein Leben hinzuarbeiten, das Ihnen Freude macht, ist eine Lebensaufgabe, und Sie

können an der Wunderbrücke über einen längeren Zeitraum hinweg bauen. Vielleicht möchten Sie diese Brücke aber auch lieber für kurzfristigere Ziele nutzen und für jedes neue Ziel eine neue Linie wie die obige zeichnen.

Arbeiten Sie weiter an der Verwirklichung Ihrer Träume, indem Sie sich die Wunder in Ihrem Leben ebenso vergegenwärtigen wie die Realitäten, die Sie sich in diesem und im vorigen Kapitel vor Augen geführt haben. Stellen Sie sich die Wunderfrage immer dann, wenn Sie das Gefühl haben, festzusitzen und mit einem Problem nicht fertig zu werden – wenn Sie sich nicht vorstellen können, dass dieses Problem zu einem bestimmten Zeitpunkt in der Zukunft gelöst sein wird. Die Wunderbrücke ist ein nützliches Instrumente, das Ihnen hilft, mentale Hemmschwellen zu überwinden, die Sie daran hindern, Ihre Probleme zu überwinden und zu Lösungen zu gelangen.

Die Zeit nutzen

*Die meisten von uns verbringen die Hälfte ihrer Zeit damit,
sich Dinge zu wünschen, die sie haben könnten,
wenn sie nicht die Hälfte ihrer Zeit damit verbrächten,
sie sich zu wünschen.*
Alexander Woolcott

Wie haben Sie die Zeit zwischen dem jetzigen und dem Augenblick, zu dem Sie dieses Buch das erste Mal geöffnet haben, ausgefüllt? Was hat sich seither in Ihrem Leben verändert? Was ist gleich geblieben? Wie steht es um Ihre Beziehung zur Zeit?

Wenn Ihre Antwort auf die letzte Frage lautet: »Ich habe nie genug Zeit« oder: »Ich habe zu viel Zeit«, dann sind Sie damit nicht allein. Offenbar haben die meisten Menschen ein sehr feindseliges Verhältnis zur Zeit. Wir haben nie genug davon; manchmal vergeht sie, ohne dass wir es merken; und an manchen Tagen, wenn wir darauf warten, dass sie endlich vergeht, haben wir das Gefühl, viel zu viel Zeit zu haben. Wie können wir erreichen, dass die Zeit für statt gegen uns arbeitet? Genau darum geht es in diesem Kapitel.

Der erste Abschnitt wird Ihnen helfen, Ihre eigene Sicht der Zeit zu erforschen und festzustellen, welche Prioritäten Sie in Ihrem Leben setzen. Der nächste Abschnitt beschreibt Strategien, mit deren Hilfe Sie die Kontrolle über Ihre Zeit zurückgewinnen können und die Sie dazu befähigen, Ihre Zeit so zu nutzen, wie Sie es für sinnvoll halten. Im letzten Abschnitt geht es um die Rhythmen Ihrer biologischen Uhr und um das Erleben der positiven Wirkung von »Zeitlosigkeit«.

Verändern Sie den Blick auf die Zeit und Ihr Leben

Kürzlich saß ich während eines langen Atlantikflugs neben einer attraktiven Frau Ende 60. Wir plauderten miteinander, und ich war fasziniert vom Ausdruck der Gelassenheit auf ihrem Gesicht und von ihrer sanften Stimme mit dem leichten spanischen Akzent.

Ein gemeinsamer Flug übers Meer mitten in der Nacht kann zwei Menschen, die einander völlig fremd sind, dazu bringen, ein angeregtes Gespräch zu führen. Nachdem Liliana und ich ein paar Stunden geflogen waren und immer wieder aus dem Fenster der abgedunkelten Kabine geblickt hatten, brachten wir beide unser Gefühl der Ehrfurcht angesichts des unermesslichen Raumes über und unter uns zum Ausdruck.

Während der Mond hinter den Wolken auftauchte, erzählte Liliana, man habe ihr kürzlich mitgeteilt, dass sie an Krebs erkrankt sei. Diese Diagnose sei ihr nun schon zum zweiten Mal gestellt worden. Bevor ich etwas darauf erwidern konnte, fuhr sie fort: »Sie brauchen mich nicht zu bedauern. Der Krebs hat mich gelehrt, jeden Augenblick meines Lebens zu nutzen. Das Leben ist ein kostbares Geschenk.«

Ich fragte sie, wie sie ihre Zeit optimal nutze. Liliana hielt einen Moment inne und antwortete dann: »Es geht weniger darum, *was* ich tue, als vielmehr um die *Einstellung*, mit der ich es tue. Ich habe zwei nette kleine Hunde. Einfach nur auf der Veranda zu sitzen und sie zu streicheln ist eine Art, wie ich meine Zeit nutze. Das ist zwar nur eine kleine, alltägliche Aktivität, aber verstehen Sie, ich *schätze* es, dies zu tun. Zeit mit meinem Mann zu verbringen, einfach nur mit ihm zusammen zu sein, ganz gewöhnliche Dinge mit ihm tun, beispielsweise zusammen essen, uns an den Händen zu halten, gemeinsam im Bett zu liegen und zu lesen, Radio zu hören – diese Dinge machen mein Leben zu einem guten Leben. Ich weiß, dass sich all dies sehr banal anhört, und das ist es tatsächlich. Als ich noch jünger war, vor meiner ersten Krebserkrankung, habe ich die gleichen Dinge auch getan, aber damals war es nicht so, als würde ich sie wirklich erleben. Mein Geist war zu jener Zeit immer ein wenig anderswo, mit etwas anderem beschäftigt; er dachte an irgendein Projekt, eine Pflicht oder eine Sorge. Jetzt ist das nicht mehr so.«

Lilliana bemerkte die Tränen in meinen Augen, bevor ich sie »wegzwinkern« konnte. Dann fuhr sie fort: »Ich weiß, dass es

traurig ist, an den Tod zu denken. Es macht mich traurig, dass ich irgendwann nicht mehr da sein werde und meinen kleinen Urenkel nicht mehr auf den Schoß nehmen kann, dass ich den Duft der Frühlingsblumen nicht mehr riechen und nicht mehr mit meinem Mann, meiner Tochter und meinem Sohn sprechen werde. Aber wir alle sterben, und das ist für mich im Augenblick nicht wichtig. Entscheidend ist, sich darüber zu freuen, dass man lebt, solange das geht, und das tue ich jetzt. Verstehen Sie?«

Wir schauten uns den nächtlichen Himmel an, redeten noch ein wenig miteinander, und nachdem unser Gespräch sich Ehemännern, Kindern und der Gartenarbeit zugewandt hatte, schliefen Lilliana und ich ein. Als ich ein paar Minuten vor der Landung des Flugzeuges aufwachte, sagte ich zu Lilliana, es sei für mich ein großes Geschenk gewesen, mit ihr reden zu können.

Ich hoffe, dass es Lilliana gelingt, den Krebs noch einmal zu bezwingen. Doch unabhängig davon, ob sie ihren Kampf gegen die Krankheit gewinnt, ist sie in bestimmter Hinsicht schon jetzt erfolgreich: Sie schätzt und genießt das Lebendigsein und kostet die Zeit, die sie hat, so intensiv wie möglich aus.

Nachdem ich Lilliana kennen gelernt hatte, verspürte ich den Wunsch, selbst so zu leben, wie sie es beschrieben hatte – beseelter, mehr in der Gegenwart, im freudigen Bewusstsein meines alltäglichen Erlebens. Die Vorstellung, dass die Konfrontation mit der eigenen Sterblichkeit es uns ermöglicht, das Leben besser auszukosten, ist nicht neu. Platon riet: »Übt das Sterben.« Carlos Castaneda beschreibt in seinem Buch *Die Lehren des Don Juan* (2007) die schamanische Auffassung vom Tod als einem stets präsenten Begleiter und potenziellen Helfer. Sich ständig die Möglichkeit des Todes bewusst zu machen kann uns helfen, auf unsere Ziele fokussiert zu bleiben und unser Alltagsleben als sinnvoll zu empfinden.

Das Sterben »üben«

Die folgende Übung wird Ihnen helfen herauszufinden, wie Sie die Lebenszeit, die Ihnen noch bleibt, verbringen wollen. Notieren Sie sich Ihre Reaktion, damit Sie später darauf zurückgreifen können.

Ein kleiner Schritt

Stellen Sie sich vor, man hätte Ihnen mitgeteilt, dass Sie nur noch sechs Monate zu leben haben. Nehmen Sie für den Zweck dieser Übung an, dass Sie zwar unter einer unheilbaren Krankheit leiden, aber dank der Errungenschaften der modernen Medizin relativ symptomfrei und bis zu den letzten Augenblicken Ihres Lebens geistig und körperlich beweglich bleiben.

Möglichkeiten

- Wie würden Sie die restlichen Monate Ihres Lebens verbringen wollen?
- Mit wem würden Sie Ihre Zeit verbringen wollen?
- Welche Orte würden Sie gern besuchen oder noch einmal besuchen?
- Gäbe es bestimmte Dinge, die Sie tun müssten, um vor Ihrem Tod das Gefühl zu entwickeln, alles Wichtige zum Abschluss gebracht zu haben, und um ein Gefühl des Friedens zu erleben?

Nehmen Sie sich nun ein wenig Zeit, um sich diese Fragen zu beantworten; sie enthalten wertvolle Hinweise darüber, woran Sie vorwiegend arbeiten sollten und wie Sie Ihren tiefsten Sehnsüchten und Bedürfnissen am besten gerecht werden. Welchen ersten kleinen Schritt könnten Sie tun, um diese Veränderungen in Ihr Alltagsleben zu integrieren? Beginnen Sie jetzt mit der Umsetzung dieses ersten Schritts. Das Leben ist zu kurz, um es nicht möglichst authentisch zu leben!

Als Nancy zu mir in die psychotherapeutische Behandlung kam, erklärte sie, sie befinde sich in einer Midlife-Crisis. Sie war mit ihrer Lebenssituation völlig unzufrieden und unsicher, was sie sich für die Zukunft wünschen sollte. Auf die Frage, was sie wohl tun würde, wenn sie nur noch kurze Zeit zu leben hätte, erklärte sie zunächst, was sie *nicht* tun würde: »Ich würde nicht mehr so viel Zeit damit verbringen, mir Sorgen zu machen.«

Gefragt, was sie stattdessen tun würde, äußerte sie: »Okay, ich wüsste also, dass ich nur noch eine begrenzte Zeit leben würde. Was würde ich tun, statt mir Sorgen zu machen? Ich würde mehr spazieren gehen. Ich würde mit meinem Hund spielen. Ich würde mir häufiger Sonnenuntergänge anschauen. Weil ich mir keine Sorgen machen würde, hätte ich mehr Zeit, und ich würde Köder für das Fliegenfischen binden, weil mir das Freude macht. Ich würde öfter mit meinem Mann durch den Wald wandern und Rad fahren, weil es uns glücklich macht, das zusammen zu tun. Ich würde Aquarelle malen. Und wahrscheinlich würde ich auch meine Angelegenheiten ordnen, damit mein Mann nach meinem Tod nicht so viel Arbeit damit hat, Unwichtiges auszusortieren. Außerdem würde es mich erleichtern zu wissen, dass ich diese Dinge geregelt habe.«

Nancy redete noch einige Minuten weiter darüber, wie sie ihr Leben ändern würde, wenn sie wüsste, dass sie nur noch wenig Zeit hätte. Dann hielt sie inne, schaute mich an und sagte ernst: »Yvonne, wir *alle* haben nur eine begrenzte Lebenszeit. Nur wissen wir meist nicht genau, wie lang sie noch ist. Als Sie mir diese Frage stellten, wussten Sie, dass mir das klar werden würde, nicht wahr?«

Ein Symbol für die Zeit, die Ihnen noch bleibt

Die folgende Übung hilft Ihnen, Ihr individuelles Symbol zu entdecken, das Sie daran erinnert, stets hundertprozentig zu leben und dem Priorität zu geben, was Ihnen wirklich wichtig ist. Lesen Sie die Anleitung zu dieser Übung zunächst durch, damit Sie sich bei der Durchführung nicht ständig unterbrechen müssen.

Ein kleiner Schritt
Suchen Sie sich einen angenehmen Ort, an dem Sie während der nächsten 15 Minuten ungestört sitzen können. Konzentrieren Sie sich auf das Atmen, bis Sie sich in einem angenehmen Zustand befinden und in Ihrem Körper zentriert fühlen. Schließen Sie dann die Augen, und bitten Sie Ihr Unbewusstes sanft, Ihnen ein Symbol zu offenbaren, das Sie daran erinnert, dass Sie Ihre Zeit auf befriedigende Weise und im Einklang mit Ihren tiefsten Empfindungen verbringen sollten.

Sitzen Sie ruhig da und achten Sie darauf, was Ihnen in den Sinn kommt, nachdem Sie um das Symbol gebeten haben. Das können Bilder oder Gefühle sein, aber auch Worte. Sobald Sie wissen, was es ist, notieren Sie das Symbol schriftlich oder zeichnen es, damit Sie sich in Zukunft besser daran erinnern. Bewahren Sie die Abbildung oder den Text an einem Ort auf, wo Sie oft hinschauen.

Wenn es möglich ist, das Symbol durch ein bestimmtes Objekt zu repräsentieren, können Sie zusätzlich zu Ihrer schriftlichen Notiz oder Ihrer Zeichnung auch dieses Objekt benutzen. Das Symbol ständig im Blick zu haben hilft Ihnen, sich regelmäßig damit zu befassen, dass Ihr Leben zeitlich begrenzt und deshalb kostbar und wertvoll ist. Achten Sie auf die Wirkung, die der Anblick des Symbols längerfristig auf Ihre täglichen Entscheidungen über die Verwendung Ihrer Zeit hat.

Am Ende ihrer Therapiesitzung erklärte Nancy, sie habe etwas Wichtiges darüber gelernt, wie sie von jetzt an leben wolle, doch sie fürchte, sie könne dieses Gewahrsein wieder verlieren: »Es ist merkwürdig, aber wenn mir klar vor Augen steht, dass ich eines Tages sterben werde, brauche ich mir nicht mehr so viele Sorgen zu machen, ich kann mehr genießen, und ich empfinde Erleichterung darüber, dass ich meine Angelegenheiten geregelt habe. Wie kann ich verhindern, dass ich dies jemals wieder vergesse? Es ist wirklich wichtig, dass ich stets daran denke.«

Ich fragte sie, was ihr als greifbares Symbol für die Unvermeidlichkeit des Todes dienen könnte – etwas, das sie so aufbewah-

ren könne, dass sie es jeden Tag sähe. Nancy antwortete: »Eine Möglichkeit wäre, ein kleines Hinweisschild mit der Aufschrift ›Du wirst sterben!‹ anzufertigen und an meinem Spiegel im Badezimmer anzubringen. Aber das finde ich zu extrem, und es würde wahrscheinlich andere, die es sähen, in Angst und Schrecken versetzen. Ein kleines Skelett wäre nicht schlecht, oder ein kleiner Schädel aus Kunststoff. Die Idee mit dem Schädel gefällt mir am besten. Ich werde mir einen Totenschädel aus Kunststoff besorgen und ihn auf meinen Nachttisch stellen, denn abends vor dem Einschlafen mache ich mir am häufigsten Sorgen. Und wenn ich dann am Morgen aufwache, erinnert mich der Schädel daran, den Tag so zu planen, dass ich zumindest ein paar Entscheidungen so treffe, wie ich es sicherlich tun würde, wenn mir klar wäre, dass ich nur noch eine sehr kurze Zeit zu leben hätte. Ich hoffe, dass mein Mann nicht ausflippt, wenn er den Schädel sieht!«

Ein Jahr später traf ich Nancy zufällig in einem Lebensmittelgeschäft wieder. Es ging ihr gut. Sie sagte: »Ich habe seit unserem ersten Treffen die schönste Zeit meines Lebens verbracht.« Der Schädel befindet sich immer noch auf ihrem Nachttisch. Wenn sie auf Reisen geht, nimmt sie ihn mit. Im letzten Jahr hat sie einige wunderschöne Aquarelle gemalt, und sie hat sehr schöne Erlebnisse mit ihrem Mann gehabt. Und wenn im nächsten Winter Schnee und Kälte kommen, will sie ihre Papiere und andere Angelegenheiten in Ordnung bringen, um jederzeit bereit zu sein.

Was man gegen Zeitmangel tun kann

Meine Freundinnen und ich lachen immer wieder über den Ausdruck »Freizeit«. Wie ich versuchen auch die meisten meiner Freundinnen, zahlreiche Rollen, die sie spielen müssen, miteinander in Einklang zu bringen, weshalb es so gut wie nie vorkommt, dass sie wirklich nichts zu tun haben. Trotzdem sind diejenigen unter meinen Freundinnen, die am meisten zu tun haben, Musterbeispiele für die Gültigkeit dieses Satzes: »Wenn du möchtest, dass etwas erledigt wird, dann bitte einen vielbeschäftigten Menschen, es zu erledigen.«

Ich nehme mehrmals im Jahr an einem Quilt-Seminar teil. Man bringt die eigene Nähmaschine mit, sitzt mit den übrigen Teilnehmerinnen zusammen an großen Tischen und näht unter Anleitung einer Lehrerin verschiedene Formen und Muster. Alle Teilnehmerinnen sollen im Kurs mit der Herstellung eines Quilts beginnen und diesen in den folgenden Wochen und Monaten zu Hause fertigstellen. Für diejenigen, die gern an Quilts arbeiten, ist der Beginn der Arbeit an einem neuen Stück etwas, das ihnen große Freude macht und sie entspannt.

Häufig haben Teilnehmerinnen solcher Kurse Schuldgefühle. Typische Kommentare, die man dort hört, sind: »Ich habe eigentlich gar keine Zeit für so etwas, weil ich dringend das Haus putzen müsste«, oder: »Ich sollte eigentlich in meinem Büro sein, denn ich habe noch einen riesigen Haufen Papierkram zu erledigen.« Glücklicherweise antwortet auf solche Äußerungen von Schuldgefühlen in der Regel jemand anders, meist eine ältere Frau mit Lebenserfahrung: »Wahrscheinlich müssen Sie dies genau deshalb tun. Sie müssen sich einmal von all Ihren Verpflichtungen befreien und ausspannen. Hören Sie auf, sich schuldig zu fühlen!«

Kontrolle über die eigene Zeit gewinnen

Falls Sie nicht schon einen Terminkalender mit viel Platz für jeden einzelnen Tag besitzen, sollten Sie sich jetzt einen kaufen. Für die Dinge, die Ihnen Freude machen, Zeit einzuplanen, ist wichtig, wenn Sie Ihr Leben so gestalten wollen, dass die Freude, die Sie in der Gegenwart erleben, schmerzhafte oder traumatische Situationen aus der Vergangenheit überstrahlt. Manchmal können Sie sich Dingen, die Ihnen wichtig sind, nur widmen, wenn Sie diese fest in Ihren Tages- und Wochenverlauf einplanen.

Doch selbst wenn Sie Ihren Tagesablauf mit Hilfe eines Tageskalenders organisieren, finden Sie möglicherweise für die Men-

schen, die Ihnen wichtig sind, und für Ihre besonderen Interessen nur mit Mühe Zeit. Die einzige Möglichkeit, sich für solche Dinge mehr Zeit zu nehmen, besteht zuweilen darin, Abläufe zu vereinfachen oder an der Art, wie Sie Ihre regulären Alltagspflichten erledigen, etwas zu verändern.

> Sarah, die einmal eine perfektionistische Hausfrau gewesen war, entschied sich dafür, ihr Haus nicht mehr so gründlich sauber zu halten, damit sie mehr Zeit für ihre Kinder hatte. Sie erklärte: »Mein Haus kann ich jederzeit sauber halten. Schmutz wird immer da sein. Aber meine Kinder werden nicht immer klein und bei mir zu Hause sein. Ich will diese Zeit mit ihnen so lange genießen, wie ich kann.«
>
> Marlenas Lieblingsmethode, ihre Zeit ökonomischer zu nutzen, bezeichnet sie als »Multitasking«. Während sie riesige Mengen von Kleidern wäscht, beantwortet sie Telefonanrufe, bezahlt sie Rechnungen, bereitet sie Mahlzeiten zu und strickt. Ihre Verfahrensweise wird sicher nicht jedem gefallen, doch Marlena schwört darauf, weil die langweilige Hausarbeit dadurch für sie interessanter wird und weil sie in kürzerer Zeit mehr erledigen kann. Deshalb hat sie mehr Zeit für die Dinge, die ihr am meisten Freude machen: Gartenarbeit, lange Spaziergänge und Kartenspiele auf dem Computer.

Möglichkeiten

- Für welche Dinge, die Ihnen wichtig sind, hätten Sie gern mehr Zeit?
- Gibt es in Ihrem Leben Aufgaben, die Sie schneller erledigen oder völlig unterlassen könnten, um für andere Dinge Zeit zu finden, die Ihnen wichtig sind oder die Ihnen besonders viel Freude machen?

Entrümpeln Sie Ihr Leben

Verschenken Sie Dinge, die Sie nicht mehr brauchen, an Freunde oder soziale Institutionen; so befreien Sie sich von Ballast, der selbst die absolut unverzichtbare Alltagsroutine verlangsamt.

Wie viel leichter und schneller könnten Sie sich morgens anziehen, wenn sich all die Kleidungsstücke, die Sie nur sehr selten oder nie anziehen, nicht mehr in Ihrem Kleiderschrank befänden? Was ist mit den Schuhen, die Sie ganz hinten im Schrank aufbewahren? Sie wissen schon, welche ich meine. Weshalb lassen Sie sie nicht reparieren oder trennen sich von ihnen?

Sind Ihre Küchenregale und Schubladen so vollgestopft mit überzähligen Töpfen, Pfannen und Schüsseln, dass es zu einer zeitraubenden Angelegenheit wird, herauszusuchen, was Sie brauchen, um eine Mahlzeit zubereiten zu können? Eine Möglichkeit, überflüssige Küchenutensilien sinnvoll zu verwerten, besteht darin, dass Sie einen Karton mit Dingen, die Sie nicht mehr benötigen, packen und ihn einem jungen Menschen geben, der seine erste eigene Wohnung bezieht. Wahrscheinlich ist der Betreffende Ihnen dankbar, und wahrscheinlich wird es auch Sie jedes Mal erleichtern, wenn Sie etwas verschenken und in Ihren Regalen wieder Platz schaffen.

Wie steht es mit den dekorativen Accessoires in Ihrem Haus? Hat sich Ihr Geschmack verändert, seitdem Sie sich bestimmte Objekte zugelegt haben? Vielleicht macht Ihnen ein Bild, das Ihnen einmal sehr gefallen hat, keine Freude mehr. Vielleicht haben Sie einen hässlichen Leuchter aufbewahrt, nur weil jemand Ihnen gesagt hat, er sei wertvoll, obwohl Sie ihn mittlerweile nicht mehr sehen können. Vielleicht kennen Sie jemanden, der sich über solche Dinge freuen würde. Warum verschenken Sie die überflüssig gewordenen Objekte nicht und genießen die Freude, die ein solches Geschenk auf den Gesichtern der Empfänger hervorruft? Vielleicht ist es auch an der Zeit für einen persönlichen Flohmarkt. Was für den einen Gerümpel, ist oft für jemand anderen ein kostbarer Schatz. So kommen Sie zu ein wenig Geld, schaffen gleichzeitig Raum und vereinfachen Ihr Leben, und die überflüssig gewordenen Dinge finden ein neues Zuhause.

Natürlich ist einiges von dem, was Ihr Leben kompliziert und unübersichtlich macht, zu wertvoll oder hat eine zu große per-

sönliche Bedeutung für Sie, als dass Sie es im Rahmen eines Flohmarkts Fremden überlassen wollten. Falls Sie also einige Dinge bestimmten Personen vermachen wollen, können Sie ihnen diese auch schon vorzeitig geben. Ein Geschenk, das Sie zu Lebzeiten machen, bleibt dem Empfänger in guter Erinnerung.

> **Möglichkeiten**
> - Gibt es Dinge, die Sie nicht mehr brauchen und die Sie gern Menschen, die Ihnen nahestehen, schenken würden?

Jedes Mal, wenn ich ein Festtagsessen zubereite, freue ich mich an den Erinnerungen, die für mich mit einem alten silbernen Vorlegelöffel verbunden sind, den ich vor vielen Jahren an einem Herbstnachmittag von meiner Großmutter geschenkt bekommen habe. Ich war begeistert, und auch sie freute sich, denn sie war froh, wie sie mir sagte, das gute Stück nicht mehr polieren zu müssen. Meine Nichte ist neun Jahre alt, und ich fange schon jetzt an, in einer Schachtel Dinge zu sammeln, die ich ihr noch zu meinen Lebzeiten geben werde, damit ich sehen und miterleben kann, wie sie sich darüber freut.

Wenn Sie sich daran machen, Ihr Leben zu entrümpeln, dann hüten Sie sich davor, sich von Dingen zu trennen, die für Sie einen so großen persönlichen Wert haben, dass Sie sie für unersetzlich halten. Das könnte beispielsweise für die erste Locke Ihres Babys gelten, für den Rasiertiegel Ihres Großvaters, für die Gratulationskarte, die Ihre Mutter Ihnen zum Examen geschickt hat, oder für eine Brosche, die von Ihrer besten Freundin stammt.

Folgen Sie Ihrer inneren Uhr

Ernest Rossi beschreibt in seinem bahnbrechenden Buch *Zwanzig Minuten Pause* die sogenannten ultradianen Rhythmen: 90 bis 120 Minuten umfassende Zeitzyklen, an denen sich un-

ser Körper in vielerlei Hinsicht orientiert. Ob es sich um unsere körperliche Energie, unseren Appetit, sexuelle Empfindungen, Kreativität, geistige Wachheit oder emotionale Zustände handelt, wir durchlaufen ständig wellenförmige Aktivitätszyklen, denen kurze Zeitspannen folgen, in denen Geist und Körper sich ausruhen und regenerieren.

Signale, die anzeigen, dass es an der Zeit ist, Körper und Geist eine Erholungspause zu gönnen, sind Konzentrationsprobleme, Gedächtnislücken, Hunger, Schläfrigkeit, Fehleranfälligkeit und Launenhaftigkeit. Wenn wir, wie Rossi erläutert, statt in solchen Augenblicken eine Pause einzulegen, versuchen, das Problem zu ignorieren und weiterzuarbeiten, obwohl unser Geist und unser Körper dringend innehalten müssten, kann die dadurch verursachte Überlastung zu den unterschiedlichsten psychosomatischen Krankheiten, zu einer verstärkten Belastung und zu Erschöpfung führen.

Indem wir Kaffee, Zigaretten und stark zuckerhaltige Nahrungsmittel im Übermaß konsumieren, versuchen wir, unser natürliches Bedürfnis nach ein paar Minuten Ruhe und Erholung zu übergehen. Wenn Sie das nächste Mal den Drang verspüren, einen dieser Stoffe zu konsumieren, sollten Sie stattdessen eine kurze Ruhepause einlegen. Fragen Sie sich danach, ob das Bedürfnis nach Koffein, Zucker oder Nikotin noch immer besteht.

Ihre natürlichen Rhythmen

Mit Hilfe der folgenden Übung können Sie Ihre natürlichen ultradianen Zyklen kennen lernen.

Ein kleiner Schritt

Nehmen Sie drei Tage lang ein kleines Notizbuch überallhin mit. Notieren Sie darin einmal stündlich, wie wach Sie sind und wie viel Energie Sie haben, subjektiv gemessen an einer von 1 bis 10 reichenden Skala. Dabei bedeutet der Wert 10, dass Sie völlig wach

> sind – so wach, wie Sie nur sein können – und somit optimal arbeiten können. Beim Wert 9 sind Sie ebenfalls wach, können sich aber nicht mehr so gut konzentrieren wie beim Wert 10. Die Mitte der Skala, der Wert 5, zeigt an, dass Sie weder besonders wach noch besonders schläfrig sind, sich also in einem neutralen Bereich zwischen Wachsein und Schläfrigkeit befinden. Der niedrigste Wert, 1, signalisiert, dass Sie sich so schläfrig fühlen, dass es Ihnen schwer fällt, wach zu bleiben.

Vergleichen Sie drei Tage lang Ihre stündlich aufgezeichneten Werte und machen Sie sich ein plastisches Bild vom Auf und Ab Ihrer Energierhythmen. Dies hilft Ihnen, Ihre Alltagsaktivitäten so zu organisieren, dass Sie die Zeiten, in denen Ihr Konzentrations- und Energieniveau besonders hoch ist, optimal nutzen können und Sie sich in Phasen, in denen Sie eher weniger Energie haben, ausruhen und regenerieren. Eine Pause von 20 Minuten ist ideal, aber auch kürzere Entspannungspausen wirken sich positiv aus. In einer Pause während der Arbeit könnten Sie einfach still an Ihrem Schreibtisch sitzen und für einen Moment die Augen schließen, sich ein Glas Wasser holen, ein wenig Obst essen oder die Tür schließen und zehn Minuten lang ein Nickerchen machen.

Wenn Sie weiter auf Ihre natürlichen ultradianen Rhythmen achten, können Sie irgendwann ausschließlich aufgrund Ihrer körperlichen und mentalen Empfindungen korrekt einschätzen, wie viel Uhr es ist. Ihr Körper hat seine eigene Weisheit.

Die Orientierung an der eigenen inneren Uhr führt nicht nur zu einer Steigerung Ihrer Produktivität, Kreativität und Konzentration, sondern beugt auch Erkrankungen und Erschöpfungszuständen vor. Ich habe festgestellt, dass ich an einem Tag mehr schaffen kann und mich danach weniger müde fühle, wenn ich Rücksicht auf meine ultradianen Rhythmen nehme.

Da unsere persönlichen Rhythmen nicht immer denjenigen unserer Kinder, Partner oder Freunde entsprechen, sind wir in dieser Hinsicht manchmal zu Kompromissen gezwungen. Ich

persönlich bin frühmorgens geistig besonders leistungsfähig. Mein Mann hingegen ist eine Nachteule und kann spätabends am besten arbeiten. Wir haben gelernt, uns an unsere jeweiligen Biorhythmen anzupassen. Er verschont mich spätabends mit komplizierten Themen oder Problemen, und ich warte bis zum Nachmittag, um mich mit ihm über wichtige Entscheidungen zu beraten.

Zeitlosigkeit: Sich Zeit nehmen, um »nichts« zu tun

Einer meiner Freunde beschreibt ein Erlebnis der Zeitlosigkeit beim Meditieren – einen kurzen Blick in die Ewigkeit oder wie es sein könnte, wenn die Zeit stillsteht. Er ist fortgeschritten in der buddhistischen Meditation, und wenn er keinen Wecker stellt oder nach einer Meditationssitzung nicht auf die Uhr schaut, weiß er nicht, ob er fünf oder 60 Minuten meditiert hat. Diese ekstatischen Erlebnisse sind für ihn so überwältigend und bereichernd, dass die Zeit unwichtig wird.

Obgleich ich mich seit 20 Jahren mit verschiedenen Meditations- und Zentrierungstechniken befasse, habe ich das, was mein Freund beschreibt, so gut wie nie erlebt. Meist bin ich mir nur zu deutlich des Vergehens der Zeit bewusst, während ich meinen Geist von Ablenkungen zu befreien versuche. Ich weiß aber trotzdem, was er meint, weil ich das Gefühl der Zeitlosigkeit oder der Zeitverzerrung bei anderen Gelegenheiten erlebt habe, nämlich in Situationen, in denen ich etwas tat, das mir besonders gut gefiel. Für mich ist das meist die Gartenarbeit.

> Ich lebe mit meinem Mann in Colorado auf dem Land, an einem Ort, von dem aus man ein Tal in den Ausläufern der Rocky Mountains überblickt. Sieben Monate im Jahr kann ich der Versuchung nicht widerstehen, jeden Morgen mit einem Gang durch den Garten zu beginnen, wo ich dem Gesang der Vögel zuhöre, mir anschaue, welche Blüten sich neu geöffnet haben,

und feststelle, welche Samen erste winzige Keimlinge getrieben haben.

Manchmal vergehen eine oder auch zwei Stunden, bis ich wieder ins Haus gehe; aber ich fühle mich danach immer, als wäre ich nur ein paar Minuten draußen gewesen. Im Laufe der Jahre ist diese äußerlich betrachtet alltägliche Inspektion des Gartens, ohne etwas zu tun, für mich zu einem ekstatischen Erlebnis geworden, zu einem kleinen Einblick in die unermessliche Ewigkeit.

Wir alle müssen auf unsere innere Uhr achten, damit wir wissen, wann es an der Zeit ist zu arbeiten und wann es besser ist, uns durch Nichtstun zu regenerieren.

> **Ein kleiner Schritt**
>
> Nehmen Sie sich einen Augenblick Zeit, um über die nächsten 24 Stunden nachzudenken. Planen Sie im Laufe des nächsten Tages oder abends eine halbstündige Pause ein, in der Sie nichts zu tun brauchen außer sich zu entspannen und zu erholen.
>
> In dieser Zeit können Sie tun, was Ihnen gefällt – ob Sie sich in einem Schaumbad aalen, eine Zeitung lesen oder sich einfach ausruhen. Stellen Sie anschließend fest, wie sich diese Pause auf den weiteren Tagesverlauf ausgewirkt hat.

Falls Sie meinen, Sie hätten für solche Experimente keine Zeit, weil Sie zu viel zu tun haben, können Sie die Pause auf 15 Minuten beschränken. Aber ehrlich gesagt: Wenn Sie zu beschäftigt sind, um sich eine Pause von einer halben Stunde gönnen zu können, brauchen Sie wahrscheinlich eine Pause von zwei Stunden!

Jeden Tag zumindest eine kurze Zeitspanne für die Muße zu reservieren ist kein Luxus, sondern eine Notwendigkeit. Ein vielbeschäftigter junger Anwalt, Paul, musste das leider auf unangenehme Weise lernen. Er war in einer großen Anwaltskanzlei beschäftigt und hatte schon seit mehr als einem Jahr Woche für

Woche 60 bis 70 Stunden gearbeitet. Er verbrachte seine gesamte Zeit, außer wenn er aß oder schlief, im Büro. Paul wusste, dass er als Partner in die Kanzlei aufgenommen werden würde, wenn er dieses Tempo noch ein Jahr durchhielte.

Doch dann passierte »es«: Als Paul eines Tages an seinem Schreibtisch saß, fühlte er sich plötzlich sehr krank und zu keinem klaren Gedanken mehr fähig, obwohl wieder einmal ein wichtiger Termin bevorstand. Sosehr er sich auch bemühte, es gelang ihm einfach nicht mehr, sich auf seine Arbeit zu konzentrieren.

Daraufhin rief Paul panisch seinen Arzt an. Noch am gleichen Abend wurde er in eine psychiatrische Klinik aufgenommen. Er konnte nicht mehr denken und glaubte, er verliere den Verstand. Doch Paul verlor nicht den Verstand. Sein Geist hatte nur »abgeschaltet«, um einer gesunden Lebensweise wieder zu ihrem Recht zu verhelfen. Zum Glück nahm Paul die Botschaft, die dieses Erlebnis ihm übermittelte, ernst: Er verbrachte seine Zeit fortan nicht mehr ausschließlich mit seiner Arbeit, sondern legte Wert darauf, auch außerhalb seines Büros zu leben.

Paul wurde tatsächlich Partner in der Kanzlei, doch zu diesem Zeitpunkt war seine Arbeit längst nicht mehr das einzig Wichtige in seinem Leben. Er lernte, Freundschaften, Hobbys, Reisen und Entspannung zu pflegen und auf die natürlichen Rhythmen und Forderungen seines Körpers zu hören – was wahrscheinlich sein Leben verlängern wird. Paul hat gelernt, bei der Organisation seines Lebens in stärkerem Maße seine innere Uhr zu respektieren.

Wie Kinder die Zeit sehen

Es gibt immer wieder Menschen, deren Leben nicht von Uhren, Terminen und täglichen Pflichten bestimmt ist. Lassen Sie sich von all jenen inspirieren, die Sie daran erinnern, dass Sie die gemeinsamen schönen Augenblicke erleben und genießen und sich durch die Freude daran erholen sollten.

Babys und kleine Kinder, die auf die Gegenwart fokussiert sind, haben denjenigen unter uns, die es manchmal nicht mehr schaffen, ihr Gewahrsein auf den jetzigen Augenblick zu richten, etwas zu schenken. Kinder registrieren sehr genau, was in ihrer

Umgebung geschieht, und sie sind eher als wir bereit, alles, was sich in ihrer Nähe befindet, furchtlos und unbekümmert zu berühren, zu schmecken und zu riechen. Viele Eltern berichten, sie hätten das Gefühl gehabt, gewöhnliche Objekte zum ersten Mal zu sehen, als sie merkten, mit welcher Begeisterung ihre Kinder sie entdeckten.

Ein kleiner Schritt

Denken Sie an eine Situation, in der Ihre Aufmerksamkeit auf angenehme Weise von einem Baby oder einem kleinen Kind beansprucht wurde und die Zeit stillzustehen und ohne jede Anstrengung zu vergehen schien.

Möglichkeiten

- Wie unterschied sich dieses Erlebnis von Ihrem Alltagsleben?
- Wie könnten Sie davon profitieren, wenn Sie einen Aspekt dieses anderen Zeitempfindens in Ihr Leben integrieren würden?
- Wie könnten Sie dies erreichen? Wollen Sie beispielsweise spontan innehalten und sich ausruhen oder sich an einem Sonnenuntergang, dem Gesang eines Vogels, einer Blume oder einem anderen alltäglichen Phänomen, das häufig die Aufmerksamkeit von Kindern fesselt, freuen? Oder würden Sie gern mehr Zeit mit Kindern verbringen, damit Sie das zeitlose Gefühl des Staunens, mit dem Kinder die Welt erleben, beobachten und sich selbst wieder aneignen können?

Zeit mit Haustieren verbringen

Auch Tiere können unser Zeiterleben transformieren. Aus zahlreichen Studien geht hervor, dass Menschen, die Haustiere besitzen, seltener Herzinfarkte erleiden und sowohl einen niedrigeren Blutdruck als auch eine positivere psychische Einstellung haben.

Einem Haustier zuzuschauen, das sich mit sich selbst beschäftigt, wirkt auf die meisten Menschen entspannend. Vielleicht ist das deshalb so, weil Haustiere ebenso wie Babys und

kleine Kinder in der Gegenwart leben. Sie sind keine Sklaven der Uhr oder eines Termins, und ihre Gegenwart macht uns bewusst, dass auch wir uns nicht immer diesen Zwängen unterordnen müssen.

Vielleicht besitzen Sie ein Haustier, vielleicht sind aber auch die Vögel und Eichhörnchen vor Ihrem Fenster die einzigen Tiere in Ihrem Leben. Unabhängig davon können alle Tiere, die in Ihrem Alltagsleben eine Rolle spielen, Sie daran erinnern, wie wichtig es ist, sich Ihrer naturgegebenen Sinne bewusst zu werden und den Augenblick zu genießen. Nehmen Sie sich nun einen Moment Zeit, um an die Tiere zu denken, die in Ihrem Leben zurzeit eine Rolle spielen. Vergegenwärtigen Sie sich, wie diese Lebewesen Ihnen helfen können, die Schönheit und die Geschenke der Gegenwart zu erleben.

Ein kleiner Schritt

Denken Sie an eine Situation, in der Sie sich an einem Haustier oder einem anderen Tier erfreut haben und in der Ihre Aufmerksamkeit hauptsächlich auf dieses Tier gerichtet war.

Möglichkeiten
- Wie unterschied sich dieses Erlebnis von Ihrem Alltagsleben?
- Wie könnten Sie davon profitieren, einige Aspekte dieses veränderten Zeitempfindens in Ihr Leben zu integrieren?
- Wie könnte Ihnen dies gelingen? Würde es Ihnen beispielsweise Freude machen, Zeit mit Tieren in freier Natur zu verbringen? Füttern Sie gern wild lebende Vögel? Würden Sie gern Reiten lernen? Möchten Sie mit einem bestimmten Haustier spazieren gehen oder spielen? Würden Sie sich gern ein Haustier anschaffen und für es sorgen?

Die Zeit vergeht unvermeidlich. Es ist Ihr Recht und Ihr Privileg, Ihre Zeit so zu verbringen und ihr Vergehen so zu erleben, wie Sie es als sinnvoll und erfüllend empfinden. Besonders wenn Sie in der Vergangenheit schmerzhafte Erfahrungen gemacht haben,

sollten Sie sich immer wieder vor Augen führen, dass Sie, solange Sie leben, Zeit zur Verfügung haben, in der Sie sich selbst etwas Gutes tun und sich erfüllende neue Erlebnisse ermöglichen können, die Ihre Gegenwart wertvoller machen als das, was Sie in der Vergangenheit erlebt haben.

Teil III:
Mit den Herausforderungen des Lebens fertig werden

Partner, Eltern, Kinder und erweiterte Familie

Wenn dein eigenes Leben in Ordnung ist, fühlst du dich mit dir selbst im Einklang, und deshalb siehst du auch klarer in deiner Ehe.
Michele Weiner-Davis

Eine gute Beziehung ist ein wichtiger Bestandteil eines befriedigenden Lebens. Zwar kann jeder, der eine schmerzhafte Scheidung hinter sich hat, bestätigen, dass es nicht immer schön ist, in einer Beziehung zu leben, doch ist gerade dies trotzdem häufig der Fall. Das Glück, das wir in früheren Beziehungen erlebt haben, nährt viele Hoffnungen und Träume, mit denen wir an neu entstehende Beziehungen herangehen. In diesem Kapitel geht es um die Förderung Ihrer Fähigkeit, eine wunderbare Beziehung aufzubauen.

Der erste Abschnitt untersucht Möglichkeiten, die Beziehung zu einem Partner zu stärken, der zweite konzentriert sich auf Eltern, Geschwister und die erweiterte Familie, und im dritten geht es um Ihre Beziehung zu Ihren Kindern. Der letzte Abschnitt schließlich enthält Tipps, die Ihnen helfen sollen, sich vor Menschen zu schützen, die Sie ausbeuten und missbrauchen wollen.

Die Paarbeziehung

Viele Menschen erleben in einer langfristigen Paarbeziehung Freude, Schmerz und inneres Wachstum. Falls Sie in der Vergangenheit emotionalen Schmerz oder Missbrauch erlebt und noch nie in einer ausgleichenden, fürsorglichen und liebevollen Beziehung gelebt haben, versuchen Sie vielleicht aus Angst vor

erneuten Verletzungen die Unwägbarkeiten und die emotionale Nähe einer Beziehung zu meiden. Tun Sie das nicht! Was eine solche Liebesbeziehung an Positivem bewirken kann, ist es mehr als wert, die damit verbundenen Risiken einzugehen.

Einander ergänzen: Gegensätze ziehen sich an

Falls Sie sich im Augenblick, also während Sie dies lesen, in einer Paarbeziehung befinden: Sind Sie und Ihr Partner immer auf einer Welle? Ich bezweifle das. Eine Paarbeziehung kann schnell fade und langweilig werden, wenn die beiden Partner einander zu ähnlich sind. Die Unterschiede, derenwegen Sie sich anfangs zu Ihrem Partner hingezogen fühlten, tragen dazu bei, dass eine Beziehung längerfristig interessant bleibt.

Bei der Partnerwahl bevorzugen wir in der Regel Menschen, deren Persönlichkeitszüge und Fähigkeiten einerseits zu unseren eigenen passen, diese aber andererseits auch ausgleichen. Familientherapeuten verwenden den Begriff positive Komplementarität, um Beziehungen zu beschreiben, in denen die Persönlichkeitsmerkmale und Fähigkeiten beider Partner auf eine Weise zueinander passen, die beiden Beteiligten zugute kommt und ihre Beziehung zueinander verbessert. Eine solche gegenseitige Ergänzung ist die Grundlage vieler guter Beziehungen.

In jeder Beziehung besteht zeitweise eine solche positive Komplementarität, und Sie können beeinflussen, in welchem Maße dies in Ihrer Beziehung der Fall ist. In der folgenden Übung lernen Sie, die positive Komplementarität in Ihrer Beziehung zu erkennen und zu fördern.

> **Ein kleiner Schritt**
>
> Denken Sie an eine Phase, in der Sie ein gutes Verhältnis zu Ihrem Partner hatten – in der Sie beide glücklich waren, zusammen zu sein, und in der Sie als Paar gut zueinander passten. In solch einer Situation haben Sie Komplementarität erlebt.

> **Möglichkeiten**
>
> - Was hat zu diesem Erlebnis positiver Komplementarität beigetragen?
> - Wo waren Sie und Ihr(e) Partner(in) zum betreffenden Zeitpunkt?
> - Was haben Sie beide getan?
> - Wann trat das Erlebnis auf?

Denken Sie nun darüber nach, wie Sie einige oder alle Rahmenbedingungen jener Situation wiederherstellen könnten. Worin bestünde der erste kleine Schritt? Tun Sie diesen Schritt. Denken Sie daran, dass es nicht erforderlich ist, zu diesem Zweck das, was Sie bei jener Gelegenheit konkret getan haben, genau zu wiederholen. Vielmehr geht es darum, die Essenz des Erlebnisses zu erfassen.

> Judy und Michael sind seit 30 Jahren verheiratet, und sie genießen ihr Zusammensein immer noch. Judy ist auf einer Farm im ländlichen Süden in einer Familie aufgewachsen, die die einfachen Freuden des Landlebens schätzte. Michael ist im Getümmel von New York City groß geworden, in einer kultivierten intellektuellen Familie, die »stundenlang über wundervolle Ideen reden konnte, es aber gewöhnlich nicht schaffte, sie umzusetzen«. Judys Erdverbundenheit und Sachlichkeit, ihr Humor und ihr gesunder Menschenverstand wirkten auf Michael erfrischend. Umgekehrt fühlt Judy sich von Michaels Fein- und Tiefsinn angezogen, von seiner Liebe zur Kunst und von den guten Manieren eines schwärmerischen »City-Gentleman«. Michael ist begeisterter Gourmet-Koch, während Judy überhaupt nicht kocht. Doch Judy zieht in ihrem Garten köstliche Tomaten, Salate und andere Gemüsesorten, die Michael gern in seinen Menüs verwendet, welche ihr wiederum stets ausgezeichnet schmecken. Und Michael arbeitet zwar selbst nicht gern im Garten, es gefällt ihm aber, dass Judy dies tut.

Anzeichen für Komplementarität sind nicht immer so leicht erkennbar wie bei Judy und Michael. Dennoch ist sie das Fundament vieler guter Beziehungen. Das beste Anzeichen für positive

Komplementarität in einer Paarbeziehung sind Situationen, in denen sich beide Partner freuen, ihr Zusammensein genießen zu können. Je häufiger Paare sich gemeinsam einem Zeitvertreib widmen, umso wahrscheinlicher erleben sie ihre gemeinsame Beziehung als positiv.

> Marilyn und Ted erinnerten sich an einen idyllischen Urlaub, den sie vor ein paar Jahren gemeinsam in Mexiko verbracht hatten und in dem sie ihr Zusammensein sehr genossen hatten. Sie waren am Strand spazieren gegangen, hatten sich im Hotel aufgehalten, interessante Restaurants besucht, einander den Rücken massiert, wunderbaren Sex gehabt, abends im Bett das Meer rauschen hören und gelesen. Im Augenblick haben sie weder das Geld noch die Zeit für einen Urlaub in Mexiko. Doch den einen oder anderen Aspekt des damaligen Erlebnisses könnten sie wiederaufleben lassen, indem sie die Empfindung, einander zu ergänzen, wecken, die sie damals genossen hatten.
>
> Sie könnten gemeinsam spazieren gehen. Zwar sind die Strände von Mexiko von Cincinnati weit entfernt, doch könnten sie an einen See oder Fluss in der Nähe wandern. Sie könnten in ihrem Schlafzimmer eine CD mit Meeresgeräuschen auflegen und sich das beruhigende Rauschen anhören, das sie im Hotel in Mexiko gehört haben. Oder sie könnten ohne ihre Kinder in ihrer Heimatstadt ein neues Restaurant besuchen. Sie könnten auch einen Buchladen oder eine Bibliothek aufsuchen und ihre gemeinsame Liebe zum Lesen wiederentdecken, oder früh zu Bett gehen, damit die Müdigkeit sie nicht hindert, einander den Rücken zu massieren oder die Liebe zu genießen.

Ihr Beziehungsressourcen-Inventar

> Kürzlich saß ich mit meinem Mann in unserem Garten, und wir schauten uns nach einem guten Essen den Sonnenuntergang an. Ich war wegen etwas, das er an diesem Tag getan hatte, besonders guter Stimmung, und ich empfand tiefe Liebe und Dankbarkeit ihm und unserer Beziehung gegenüber. Das sagte ich ihm, und er freute sich sehr, es von mir zu hören. Dann lächelte er: »Ich hoffe,

> du erinnerst dich daran noch, wenn du das nächste Mal wütend auf mich bist.« Ich wusste sofort, was er meinte. Leider fällt es uns gerade dann am schwersten, uns auf die Stärken und Werte einer Beziehung zu besinnen, wenn dies besonders wichtig wäre.

Wenn in einer Beziehung alles gut geht, denken wir an die glücklichen und positiven Situationen, die wir mit unserem Partner erlebt haben. Doch wenn wir schlechter Laune oder auf unseren Partner schlecht zu sprechen sind, stehen eher die problematischen Situationen im Vordergrund, und wir ignorieren gemeinsame gute Erlebnisse. Die Folge können weitere Frustrationen und offene Konflikte sein; dann eskalieren die Streitigkeiten zwischen Partnern oft.

Das Beziehungsressourcen-Inventar fördert positive Gefühle, die zu Ihrer Beziehung gehören. Es kann sogar als eine Art psychisches Sicherheitsnetz fungieren, das Sie daran hindert, die guten Seiten Ihrer Beziehung zu vergessen, wenn es Ihnen besonders schwer fällt, sie im Sinn zu behalten.

Sie können sich diesen Abschnitt jedes Mal durchlesen, wenn Sie entmutigt oder in der Beziehung frustriert sind und wenn Sie sich einem Problem mit einer positiven Einstellung nähern wollen. Deshalb sollten Sie die Fragen im Hinblick darauf beantworten, wie Ihr Partner sich verhält, also nicht im Hinblick darauf, wie er sich *nicht* verhält.

> **Ein kleiner Schritt**
>
> Stellen Sie eine Liste der Verhaltensweisen oder persönlichen Qualitäten Ihres Partners zusammen, die Sie am meisten schätzen. Führen Sie anschließend die Aktivitäten auf, denen Sie sich am liebsten mit ihm zusammen widmen. Beschreiben Sie diese Aktivitäten so detailliert wie möglich.

Auch wenn Sie keine Lust haben, Ihr Beziehungsressourcen-Inventar erneut zu lesen, weil Sie mit Ihrem Partner Schwierigkeiten haben, lohnt es sich, sich dazu zu zwingen. Die Wahrscheinlichkeit, dass sich Ihre Meinungsverschiedenheiten ins Unverhältnismäßige steigern, ist geringer, wenn Sie ein Problem nüchtern betrachten. Ein kleines Problem zu lösen ist leichter, als ein großes Problem zu lösen.

Ich möchte, dass Sie sich nach der Zusammenstellung Ihres Beziehungsressourcen-Inventars Folgendes fragen: Wie würde wohl Ihr Partner reagieren, wenn Sie ihm diese Liste zeigen würden? Und was würde Ihr Partner schreiben, wenn er eine ähnliche Liste zusammenstellen sollte? Ganz gleich, ob Sie beschließen, Ihrem Partner Ihre Liste zu zeigen, oder nicht, wenn Sie die positiven Aspekte Ihrer Beziehung in den Vordergrund gestellt und gewürdigt haben, wird das Ihre Einstellung zu ihm positiv färben und alle künftigen Meinungsverschiedenheiten mildern.

Wer sind Sie abgesehen von Ihren Beziehungen?

Vielleicht erscheint es Ihnen paradox, wenn Sie sich in einem Abschnitt, in dem es um Paarbeziehungen geht, mit der Notwendigkeit beschäftigen sollen, unabhängig von Ihrer Beziehung ein Gefühl für sich selbst zu entwickeln. Doch wenn Sie kein von einer Paaridentität unabhängiges Selbstwertgefühl haben, kann das großen Schaden anrichten. Menschen, die kein individuelles, von ihrer Beziehungen unabhängiges Leben haben, erwarten von ihrem Partner die Erfüllung all ihrer emotionalen Bedürfnisse. Dies ist für die Beziehung eine ungeheure Belastung, die ständige Frustration und Groll beider Beteiligter aufeinander nach sich ziehen kann.

Wie David Schnarch in seinem ausgezeichneten Buch *Die Psychologie sexueller Leidenschaft* schreibt, ist Eigenständigkeit und die Fähigkeit, sich unabhängig von Ihrer wichtigsten Be-

zugsperson selbst zu beruhigen und zu trösten, entscheidend für den Aufbau einer längerfristigen Beziehung. Erst dies ermöglicht es den Partnern, eine auf Liebe und Stärke statt auf Unzulänglichkeit und Abhängigkeit basierende Beziehung aufzubauen.

Mit Anfang 30 erlebte ich viel Schmerz, weil meine erste Ehe gescheitert war. Ich fürchtete, nie mehr einen Menschen lieben und auch selbst die Liebe eines anderen Menschen nie mehr an mich heranlassen zu können. Noch schlimmer war: Als mein Mann mich verließ, empfand ich eine entsetzliche Leere, die jedes Gefühl, selbst einen Wert zu haben, zudeckte. Die Schmerzen und das Entsetzen, die ich in den ersten Tagen nach jener Trennung erlebte, waren für mich eine Offenbarung. Ich weiß noch genau, dass ich damals gedacht habe: »Ich hätte niemals geglaubt, dass man so viel Schmerz erleben kann.«

Was ich damals erlebte, ist ein Beispiel dafür, wie es einem noch nicht eigenständigen Menschen, der von seinem Partner verlassen wird, ergehen kann. Als mir klar wurde, dass unsere Ehe zu Ende war, hatte ich das Gefühl, dass die Person, die ich zum Zeitpunkt meiner Heirat gewesen war, zu existieren aufgehört hatte; das galt auch für mein Identitätsgefühl. Es war entsetzlich!

Die ersten Wochen nach dem Ende meiner Ehe erschienen mir wie eine endlose »dunkle Nacht der Seele«. Obgleich mir Alltagsverrichtungen wie meine Arbeit und Gespräche mit anderen ein gewisses Maß an Linderung boten, warf das Alleinsein mich in eine Agonie der Trauer und des Selbstzweifels zurück. Ich konnte nicht fassen, dass mein »Ex-Mann in spe« auch nicht im Entferntesten etwas zu empfinden schien, das meinem seelenerschütternden Schmerz gleichkam. Er hatte schon eine neue Beziehung begonnen und war offenbar vollauf damit beschäftigt – und damit zufrieden –, sein Leben neu zu organisieren, während er seiner Arbeit nachging. Er führte ein Privatleben, als existiere nicht das geringste Problem. Anders als damals denke ich heute, sein unmittelbarer Wechsel in eine neue Beziehung könnte der Grund für seine scheinbare Unberührtheit gewesen sein. Vielleicht war er aber auch einfach viel unabhängiger von unserer Beziehung als ich.

Die Paarbeziehung

Menschen, die ihre Identität ausschließlich auf einer Beziehung aufgebaut haben, versuchen auf unterschiedliche Weise, ihren Schmerz zu überwinden, wenn der Mensch, den sie besonders lieben, sie verlässt oder stirbt. Einige stürzen sich möglichst schnell und mit großem Engagement in eine neue Beziehung. Weil sie sich dann oft viel besser fühlen, sind sie von der Richtigkeit dieser Entscheidung meist fest überzeugt.

Andere Menschen wechseln von einer Beziehung zur nächsten und verwehren sich so, ein Gefühl tiefer und dauerhafter Linderung und Stabilität zu entwickeln. Sie bleiben abhängig und sind sich nicht darüber im Klaren, dass sie Frieden und Trost in sich selbst finden könnten. Wieder andere verschließen sich emotional und lassen neue Beziehungen erst gar nicht so tief werden, dass sie jenen Verlust, den sie schon einmal erlebt haben, erneut befürchten müssten. Solche Menschen halten andere generell »auf Armlänge« von sich fern. Manchmal finden sie einen Partner, der es ebenfalls vorzieht, die Intensität und Verletzlichkeit zu meiden, die entsteht, wenn ein Mensch einen anderen leidenschaftlich liebt. Oder sie ziehen eine Folge kurzfristiger, beiläufiger Beziehungen vor oder bleiben ganz allein. Einige wenige Menschen schaffen es, sich der Angst zu stellen, die aufkommen kann, wenn man sich lange genug mit dem eigenen Mangel an Eigenständigkeit konfrontiert, um ein stabileres Selbstempfinden aufzubauen, das einem in künftigen Beziehungen zugute kommt.

> Der Wendepunkt in meinem Kampf um Eigenständigkeit in Beziehungen trat recht unerwartet nach mehreren Monaten ein, als mich ein guter alter Freund besuchte. Nachdem er sich meine Leidensgeschichte angehört hatte, gab er mir folgenden Rat: »Finde heraus, wer du abgesehen von allen deinen Beziehungen bist, und du wirst dich besser fühlen.« Obgleich ich keinerlei Vorstellung davon hatte, wie ich dies schaffen sollte, begleitete mich dieser Gedanke von jenem Augenblick an.
>
> Nachdem mein Freund wieder abgereist war, fragte ich mich hin und wieder, wer ich abgesehen von meiner Existenz innerhalb

von Beziehungen war. Nachdem ich die Angst überwunden hatte, die anfangs in mir aufkam, weil mir nicht sofort eine Antwort auf die Frage einfiel, entstand durch die wiederholte Beschäftigung mit der Frage in mir eine Art meditativer Zustand, verursacht durch ein wachsendes Gefühl inneren Friedens und Wohlseins.

Schon allein die Tatsache, dass ich mir diese Frage stellen konnte, bewies, dass ich unabhängig von allen meinen Beziehungen ein Selbstempfinden hatte, und gleichzeitig bedeutete dies paradoxerweise, dass es etwas gab, das größer war als die Beziehungen, an denen wir alle teilhaben. Dann erinnerte ich mich daran, einmal etwas Ähnliches erlebt zu haben, als ich mich mit Zen-Koans beschäftigte. Noch heute, fast 20 Jahre nach jenem Besuch meines Freundes, stelle ich mir in Zeiten inneren Aufruhrs oder stiller Reflexion immer wieder seine Frage: »Wer bist du abgesehen von all deinen Beziehungen?«

Im Laufe der Zeit hat sich allmählich eine befriedigende Antwort auf diese Frage herausgebildet. Weil es sich um eine »wortlose« Antwort handelt, kann ich sie hier nicht im üblichen, linearen Sinne beschreiben. Vielmehr handelt es sich um eine äußerst tröstliche Art von Wissen, die ich mit Gott assoziiere. Charakteristisch dafür ist, dass ich mich in meinem Körper zentriert fühle und tief und gleichmäßig atme. Es fällt mir immer noch schwer, diese Antwort im Sinn zu behalten, wenn es für mich am dringendsten ist, mich an sie zu erinnern: in Zeiten ehelicher Konflikte und des Selbstzweifels.

Ich bin mittlerweile seit 15 Jahren mit Charlie Johnson verheiratet. Ich weiß das Geschenk dieser langen Beziehung sehr zu schätzen und bin dankbar, sie erleben zu können. Doch das Leben hat mich gelehrt, dass es keine Garantien gibt. Ein Schicksalsschlag oder eine Krankheit kann mir eines Tages meinen Mann rauben. Weil ich mittlerweile trotz meiner engen Beziehung eigenständiger geworden bin und ich mich vor dieser Eigenständigkeit nicht mehr fürchte, ermöglicht mir dieses Bewusstsein, meine Beziehung zu meinem Mann mehr zu schätzen.

> **Ein kleiner Schritt**
>
> Nehmen Sie sich eine halbe Stunde Zeit und setzen Sie sich an einen ruhigen Ort. Machen Sie es sich bequem und atmen Sie in einem gleichmäßigen, beruhigenden Rhythmus. Fragen Sie sich: »Wer bin ich abgesehen von allen meinen Beziehungen?«
>
> Machen Sie sich keine Sorgen darüber, wie die »richtige« Antwort auf diese Frage lauten könnte, oder darüber, dass Sie sofort eine zufriedenstellende Antwort finden müssen. Stellen Sie sich einfach nur die Frage. Das ist deshalb von Wert, weil es Ihnen ermöglicht, den inneren Zustand zu erleben, der schließlich zu Ihrer Antwort werden wird. Wiederholen Sie die Frage im Laufe der nächsten Tage, Wochen und Monate immer wieder und so oft, wie Sie es als sinnvoll empfinden.

Stärken Sie Ihre Unabhängigkeit vom Partner

Eine andere Möglichkeit, Ihre Eigenständigkeit zu fördern, besteht darin, sich dieser Aufgabe rational zu nähern. Um all jenen, die eine eher vom linearen Denken bestimmte Vorgehensweise vorziehen, entgegenzukommen, habe ich eine Übung entwickelt, die Sie entweder für sich genommen oder im Anschluss an die Frage »Wer bin ich abgesehen von allen meinen Beziehungen?« durchführen können.

> **Ein kleiner Schritt**
>
> Beschäftigen Sie sich immer nur mit jenen der folgenden Fragen, die Sie zum konkreten Zeitpunkt beantworten zu können glauben. Sie können die ganze Übung »am Stück« erledigen oder sich mit den verschiedenen Fragen im Laufe von Tagen, Wochen oder Monaten nach und nach beschäftigen, wobei Sie Ihre Antworten jeweils aufschreiben.
>
> *Leichteste Stufe*
> 1. In welcher Hinsicht ähneln Sie Ihrem Partner?
> 2. In welcher Hinsicht unterscheiden Sie sich von Ihrem Partner?
> 3. Welche unter den Persönlichkeitszügen oder Charakteristika, die Sie und Ihr Partner gemeinsam haben, schätzen oder mögen Sie am meisten?

4. Gibt es unter den Persönlichkeitszügen oder Charakteristika, die Sie und Ihr Partner gemeinsam haben, einige, die Sie nicht mögen oder bei denen Sie sich unbehaglich fühlen?

Mittlere Stufe

5. Wer sind Sie als Person abgesehen von dieser Beziehung? Wie bringen Sie diese Aspekte in Ihrem Alltagsleben am positivsten zum Ausdruck – bzw. wie könnten Sie sie zum Ausdruck bringen?
6. Wie können Sie sich dazu bringen, in Situationen, in denen Ihr Partner oder ein anderer Mensch, der Ihnen sehr nahe steht, gestresst oder aufgebracht ist, relativ ruhig und zentriert bleiben?
7. Auf welche gesunde und sinnvolle Art können Sie sich beruhigen oder für sich selbst sorgen, wenn Sie aufgebracht sind und Ihr Partner nicht in der Lage ist, Ihnen zu helfen?

Schwierigste Stufe

8. Was würden Sie unbedingt in Erinnerung behalten wollen, wenn Ihr Partner nicht mehr in Ihrer Nähe wäre oder nicht mehr leben würde?
9. Wie soll sich Ihr Partner nach Ihrem Tode an Sie erinnern?
10. An welche Eigenarten Ihrer gemeinsamen Beziehung sollten Sie sich beide erinnern können, wenn die Beziehung durch den Tod des anderen beendet würde?

Machen Sie sich keine Sorgen, wenn es Ihnen anfangs schwer fällt, diese Fragen zu beantworten. Falls Sie nicht zu den selten glücklichen Menschen zählen, die in ihrer Kindheit ein starkes Selbstwertgefühl entwickelt haben und sich aufgrund dessen jederzeit selbst beruhigen können, ganz gleich, was geschehen mag, müssen Sie sich – wie die meisten von uns – Ihre Eigenständigkeit erarbeiten, indem Sie sich den Herausforderungen und Schwierigkeiten stellen, mit denen eine Beziehung Sie konfrontiert.

Machen Sie sich auch keine Sorgen, falls es Ihnen nicht auf Anhieb gelingt, alle Ihre neu entdeckten persönlichen Ressourcen in einer Beziehungskrise augenblicklich zu nutzen. Die meisten Menschen arbeiten unbewusst oder bewusst ihr ganzes Leben lang daran, trotz einer intimen Beziehung Eigenständigkeit

zu entwickeln (oder sie vermeiden dies ebenso lange!). Je eigenständiger wir werden, umso besser gelingt es uns, einen klaren Kopf zu behalten, in unserer Beziehung flexibel und handlungsfähig zu bleiben und die in belastenden Lebenssituationen unvermeidlich auftauchende Angst zu ertragen, einzudämmen und schließlich zu überwinden.

Ihre Ursprungsfamilie

Um in Ihrer Beziehung zu Ihrem Partner mehr Eigenständigkeit zu entwickeln, müssen Sie manchmal zunächst an der Stabilisierung eines Selbstempfindens zu arbeiten, das von Ihren Eltern und vom Rest Ihrer Ursprungsfamilie unabhängig ist. Die folgende Übung wird Ihnen dabei helfen.

Emanzipieren Sie sich von Ihrer Ursprungsfamilie

Ein kleiner Schritt

Fokussieren Sie nacheinander auf die im Folgenden aufgeführten Fragen, wobei Sie sich jeweils nur bis zu der Stufe vorarbeiten, die Sie im Moment beantworten können. Wenn Sie wollen, können Sie die gesamte Übung auf einmal durcharbeiten; Sie können sich mit den Fragen aber auch über Tage, Wochen oder Monate befassen. Schreiben Sie Ihre Antworten anschließend jeweils auf.

Leichteste Stufe
1. In welcher Hinsicht ähneln Sie Ihren beiden Eltern oder anderen wichtigen Bezugspersonen aus Ihrer Kindheit?
2. In welcher Hinsicht unterscheiden Sie sich von diesen Menschen?
3. Welche unter den Persönlichkeitszügen oder Charakteristika, die Sie mit Ihren beiden Eltern oder mit anderen wichtigen Bezugspersonen aus Ihrer Kindheit gemeinsam haben, schätzen und mögen Sie besonders? Was ist für Sie die befriedigendste und gesündeste Art, diese Züge im Alltagsleben zum Ausdruck zu bringen?

4. Welche unter den Persönlichkeitszügen oder Charakteristika, die Sie mit Ihren Eltern oder mit anderen wichtigen Bezugspersonen aus Ihrer Kindheit gemeinsam haben, schätzen Sie am wenigsten? Was ist für Sie die befriedigendste und gesündeste Art, mit diesen Charakteristika umzugehen, sie auszudrücken oder sie zu transformieren?

Mittlere Stufe

5. Wer sind Sie als Person, unabhängig von Ihrer Beziehung zu Ihren Eltern und zu anderen wichtigen Bezugspersonen aus Ihrer Kindheit? Wie bringen Sie diese Aspekte in Ihrem Alltagsleben am positivsten zum Ausdruck bzw. wie könnten Sie dies tun?
6. Wie können Sie in Situationen, in denen Ihre Eltern oder ein Elternteil (oder eine wichtige Bezugspersonen aus Ihrer Kindheit) gestresst oder aufgebracht wären, ruhig und zentriert bleiben?
7. Wie können Sie auf gesunde und sinnvolle Weise sich selbst beruhigen und für sich sorgen, wenn Sie aufgebracht sind und Ihre Eltern (oder andere wichtige Bezugspersonen aus Ihrer Kindheit) Ihnen nicht helfen können?

Schwierigste Stufe

8. An welche Eigenschaften Ihrer Eltern würden Sie sich gern noch erinnern, wenn Ihre Eltern nicht mehr leben würden?
9. Woran sollten Ihre Eltern sich am intensivsten erinnern, wenn Sie nicht mehr leben würden?

Diese Übung kann auch auf Geschwister, die erweiterte Familie und Freunde bezogen durchgeführt werden. Sie brauchen sich auch hier keine Sorgen zu machen, wenn es Ihnen nicht immer leicht fällt, die Fragen zu beantworten. Sollten bestimmte Fragen jedoch große Ängste auslösen, empfehle ich Ihnen, einmal darüber nachzudenken, ob es nicht vielleicht sinnvoll wäre, sich an einen Psychotherapeuten zu wenden. Ebenso wie bei den Fragen, die sich auf Ihren Partner bezogen, kann es auch hier eine Weile dauern, bis Sie in der Lage sind, in Situationen, in denen Sie starke Belastungen, Verluste oder Familienkrisen erleben, Ihre persönlichen Ressourcen nutzen können.

Alte Konflikte mit einem Elternteil überwinden

> Noch im Erwachsenenalter prägte Daniel die Wut auf seine Eltern. Er berichtete: »Ich habe meinen Eltern oft vorgeworfen, nicht die Art von Leben führen zu können, die mir vorschwebte. Zumindest teilweise waren diese Vorwürfe berechtigt. Sie haben in meiner Erziehung vieles falsch gemacht, und einiges von dem, was sie getan haben, war ziemlich übel. Mein Vater hat mich immer wieder geschlagen, und meine Mutter hat mich ständig kritisiert und sich nie positiv geäußert, wenn ich etwas richtig gemacht hatte. Doch durch die Vorwürfe, die ich ihnen später als Erwachsener ständig gemacht habe, habe ich einen großen Teil der Energie verbraucht, die ich eigentlich dafür benötigt hätte, meine Vorstellungen von einem guten Leben umzusetzen.«

Die Energie, die wir darauf verwendet haben, unsere Eltern anzuklagen, wieder für uns selbst zu nutzen, ist leichter gesagt als getan, insbesondere wenn unser Groll auf sie durch Misshandlungen in der Kindheit entstanden ist. Wenn unaufgelöste Gefühle Ihren Eltern gegenüber sich negativ auf Ihre Fähigkeit auswirken, Ihr Leben nach Ihren eigenen Vorstellungen zu gestalten, wird Ihnen die folgende Übung helfen.

> **Ein kleiner Schritt**
> Nehmen Sie sich für diese Übung mindestens eine halbe Stunde Zeit. Sie benötigen insgesamt drei Blatt Papier und ein Schreibgerät. Machen Sie es sich an einem ruhigen Ort bequem und denken Sie an Ihren Vater oder Ihre Mutter.
> 1. Notieren Sie auf dem ersten Blatt alles, was Ihnen an Ihrem Vater oder Ihrer Mutter nicht gefällt.
> 2. Notieren Sie auf dem zweiten Blatt alles, was Sie an Ihrem Vater oder Ihrer Mutter schätzen. Denken Sie daran, auch alles aufzuführen, was Sie von Ihrem Vater/Ihrer Mutter gelernt haben.
> 3. Schauen Sie sich die ersten beiden Listen noch einmal an und notieren Sie dann auf dem dritten Blatt die Aspekte Ihrer Beziehung zu Ihrem Vater/Ihrer Mutter, die Sie schätzen und von denen Sie

sich wünschen, dass sie Ihr gegenwärtiges Leben mit oder Ihre aktuelle Beziehung zu Ihrem Vater/Ihrer Mutter weiterhin beeinflussen.
4. Verbrennen Sie nun das erste und zweite Blatt, und lesen Sie das dritte Blatt nochmals durch.

Stärken Sie die Beziehung zu Ihren Eltern

Sie können diese Übung unmittelbar im Anschluss an die vorige oder zu einem späteren Zeitpunkt durchführen, wenn Sie sich auf die positiven Aspekte Ihrer Beziehung zu Ihren Eltern konzentrieren wollen. Falls Ihre Eltern nicht mehr leben und Sie ihnen gegenüber noch immer Verletztheit und Groll empfinden, sollten Sie sich statt dieser Übung den im nächsten Kapiteln beschriebenen »heilenden Briefen« zuwenden.

Ein kleiner Schritt

Nehmen Sie sich für diese Übung mindestens eine halbe Stunde Zeit. Sie brauchen Papier und etwas zum Schreiben. Machen Sie es sich an einem ruhigen Ort bequem und denken Sie an Ihren Vater oder Ihre Mutter.
1. Notieren Sie die Aspekte Ihres momentanen Kontakts zu Ihren Eltern, an die Sie sich erinnern möchten, wenn Sie selbst das jetzige Alter Ihrer Eltern erreicht haben.
2. Notieren Sie nun in Form einer Liste, von welchen aktuellen Ereignissen Sie hoffen, dass Ihre Eltern sich daran erinnern werden.
3. Notieren Sie die Aspekte Ihrer Beziehung zu Ihren Eltern, von denen Sie sich wünschen, dass sie weiter bestehen mögen.
4. Wenn Sie in letzter Zeit mit Ihren Eltern Konflikte gehabt haben, dann notieren Sie, was in diesen Situationen anders war als in Situationen, in denen Sie weniger Konflikte mit ihnen erlebt haben oder in denen die Beziehung zwischen Ihnen und Ihren Eltern entspannter war. Wie könnten Sie dazu beitragen, dass sich solche Situationen häufiger ergeben?

Die obigen beiden Übungen können Sie auch dazu nutzen, sich mit unaufgelösten Gefühlen gegenüber Geschwistern, Mitgliedern Ihrer erweiterten Familie und anderen Menschen, die für Sie in der Vergangenheit wichtig waren, zu beschäftigen.

Wenn Ihre Eltern Sie weiterhin verletzen

Wenn Sie in Gegenwart Ihrer Eltern Angst empfinden und Sie mit solchen Situationen nicht fertig werden, können Sie versuchen, dieses Problem mit Hilfe folgender Technik aus der Welt zu schaffen.

> **Ein kleiner Schritt**
> Stellen Sie sich vor, dass 20 oder 30 Jahre vergangen sind und Ihre Eltern nicht mehr leben. Wie würden Sie sich dann wünschen, in den Jahren, in denen sie noch gelebt hätten, die Zeit mit ihnen verbracht zu haben?

Indem Sie sich diese Frage stellen, schätzen Sie die Zeit, die Sie im Moment mit Ihren Eltern verbringen, aus der Sicht eines Erwachsenen ein, statt sich an der Denkweise des machtlosen Kindes, das Sie früher einmal waren, zu orientieren.

> Judy hatte schon vor langer Zeit aufgehört, sich auf den Schmerz zu konzentrieren, den ihre alkoholkranken Eltern ihr zugefügt hatten, die sie misshandelt hatten. Sie hatte sich zunächst darauf konzentriert, eine gute Lehrerin zu werden, später auf ihre Ehe und schließlich darauf, für ihren fünfjährigen Sohn eine möglichst positive Umgebung zu schaffen.
>
> Judy liebte ihre Arbeit als Lehrerin, sie war glücklich in ihrer Ehe, und es machte ihr Freude, ihren Sohn aufwachsen und die Welt entdecken zu sehen. Judy sah sich als glückliche Frau. Die schmerzhafte Kindheit, die sie selbst durchlitten hatte, machte ihre gegenwärtige Zufriedenheit und Freude umso kostbarer.

Mehrmals im Jahr, am Erntedanktag, zu Weihnachten und zu Ostern, reiste Judy mit ihrer kleinen Familie quer durchs Land zu ihren betagten Eltern. Vor diesen Besuchen grauste ihr zwar, doch sie setzte sie aus Pflichtgefühl fort. Sie sagte sich: »Schließlich sind sie meine Eltern, und ich schulde ihnen das.« Ihrem Mann machten diese Besuche keine Freude, doch er respektierte Judys Bedürfnis. Seine eigenen Eltern waren schon länger tot.

Bei jedem dieser Besuche zog Judys Vater über die beruflichen Erfolge von Judy und ihrem Mann her. Ihre Mutter kritisierte Judys Kleidungs- und Erziehungsstil. Als Judy ihren Eltern klar zu machen versuchte, wie verletzend ihre Bemerkungen seien, machten sie sich über ihre Tochter lustig: Sie sei eben ein Sensibelchen und nicht in der Lage, »die Wahrheit« über sich zu ertragen.

Immer wieder kam ihre Mutter auf Judys Kindheit zu sprechen. Sie erwähnte zahllose Situationen, die sie als wunderbar in Erinnerung hatte. Prügeleien, Alkoholprobleme und verbale Misshandlungen sparte sie bei diesen idealisierten Darstellungen völlig aus. Wenn Judy ihre Mutter vorsichtig daran zu erinnern versuchte, dass es auch Schwierigkeiten gegeben habe, beschwerte diese sich wütend, sie sei eine erbärmliche, undankbare Tochter.

Vor solchen Feiertagsbesuchen wurde Judy im Laufe der Zeit immer depressiver. Ihrem Mann und ihrem Sohn gegenüber war sie dann ständig gereizt und ihren Schülern gegenüber ungeduldig. Sie wachte mitten in der Nacht auf und fragte sich: »Warum mache ich das eigentlich?« Die Antwort lautete: »Weil ich das Gefühl habe, keine andere Wahl zu haben, als meine Eltern zu besuchen. Dabei will ich es eigentlich gar nicht.«

Beunruhigt durch Selbstmordgedanken suchte Judy schließlich einen Psychotherapeuten auf. Sie wollte sich zwar nicht umbringen, war aber so weit, dass sie es nicht mehr über sich brachte, sich noch einmal einen Besuch bei ihren Eltern anzutun. Der Therapeut empfahl ihr ein therapeutisches Gespräch, an dem auch ihre Eltern teilnehmen sollten. Als Judy dies ihren Eltern vorschlug, lehnten sie es ihr wütend ab.

Der Therapeut erklärte Judy: »Sie haben zwar keinen Einfluss auf das, was Ihre Eltern tun, aber sehr wohl auf das, was Sie selbst tun. Stellen Sie sich einmal vor, Sie selbst seien eine alte Frau, und Ihre Eltern lebten nicht mehr. Wie, glauben Sie, würden Sie sich dann wünschen, die nächsten 20 Jahre zu verbringen?«

> Da wurde Judy klar, dass sie sich als alte Frau wohl wünschen würde, sich an ein paar schöne Feiertage zu erinnern, die sie mit ihrem Mann, ihrem Sohn und Freunden in ihrem eigenen Heim verbracht hätte. Daher schickte sie ihren Eltern zu den Feiertagen liebevolle Karten und Briefe, setzte sich und ihre Familie aber an den Tagen im Jahr, die sie selbst genießen wollte, nicht mehr den Launen ihrer Eltern aus.
>
> Außerdem beschloss Judy, die Besuche bei den Eltern auf zwei Tage zu beschränken. Das war die Zeitspanne, die sie ertragen zu können glaubte, ohne depressiv zu werden. Und da es sich auf das gegenseitige Verhältnis positiv auszuwirken schien, wenn sie konkrete Aktivitäten mit ihnen plante, arrangierte sie während der Aufenthalte bei ihnen gemeinsame Museums- und Kinobesuche.
>
> Ein paar Jahre später berichtete Judy: »Ich habe das Gefühl, dass ich die Situation mit meinen Eltern so gut geregelt habe, wie ich kann. Als ich noch ein Kind war, waren sie manchmal sehr gütig zu mir, und manchmal haben sie mich sehr schlecht behandelt. Ich liebe sie, weil sie meine Eltern sind. Trotzdem will ich mich von ihnen jetzt als Erwachsene nicht so sehr beeinflussen lassen, dass ich mich elend fühle oder sogar an Selbstmord denke. Ich bin heute für meine eigene Familie verantwortlich: für meinen Mann, mein Kind und mich selbst.«

Als Judy noch ein Kind gewesen war, hatte jeder ihrer Versuche, den Schmerz, den ihre Eltern ihr zugefügt hatten, zu verringern, nur zu noch mehr Misshandlungen geführt. Solange sie im Haus ihrer Eltern gelebt hatte, hatte sie sich ihren Forderungen fügen und ihr negatives Verhalten ihr gegenüber akzeptieren müssen. Als Erwachsene jedoch konnte sie darüber entscheiden, wie und wann sie mit ihren Eltern Kontakt haben wollte.

Wenn Ihre Eltern Sie nach wie vor verletzen, sollten Sie ihnen dies klar zu machen versuchen. Möglicherweise ändern sie sich dann. Wenn nicht, können Sie ihnen eine Familienberatung vorschlagen oder sich, wie Judy, dafür entscheiden, die Zeit, die Sie mit ihnen verbringen, anders zu organisieren.

Ihre Kinder

Die folgende Übung wird Ihnen helfen, die Prinzipien und Vorstellungen aus den vorigen Abschnitten dieses Kapitels auf Ihre Beziehungen zu Ihren Kindern anzuwenden. Wenn Sie Kinder haben oder betreuen, sollten Sie sich jetzt einen Augenblick Zeit nehmen, um die folgenden Fragen zu beantworten.

> **Ein kleiner Schritt**
> Nehmen Sie sich für diese Übung mindestens eine halbe Stunde Zeit. Suchen Sie sich einen angenehmen Platz und denken Sie an Ihr Kind.
> - Was schätzen Sie am meisten an Ihrem Kind?
> - Von welchen Aspekten Ihrer Beziehung zu Ihrem Kind wünschen Sie sich am stärksten, dass sie bestehen bleiben?
> - Falls Sie mit Ihrem Kind Konflikte oder Probleme haben: Was war in Zeiten, in denen Sie weniger Konflikte hatten, anders – wenn zwischen Ihnen und Ihrem Kind eine angenehmere Beziehung bestand? Wie könnten Sie erreichen, dass solche angenehmeren Situationen häufiger vorkommen?
> - Wenn Ihre Kinder in dem Alter sein werden, in dem Sie sich im Moment befinden, worauf sollten sie dann nach Ihren Wünschen zurückschauen, und an was aus dieser Zeit in Ihrer Beziehung sollten sie sich erinnern?

Auch in diesem Fall empfehle ich Ihnen, Ihre Antworten auf die Fragen zu notieren. Sie können sie sich jederzeit noch einmal durchlesen, wenn Sie sich die Besonderheiten Ihres Kindes ins Gedächtnis rufen möchten. Wenn Sie die Übung in längeren Abständen wiederholen, können Sie aus Ihren Antworten eine Entwicklungsgeschichte der Beziehung zu Ihrem Kind ablesen.

Wie sich in der Vergangenheit erlebter Schmerz auswirken kann

Hatten Sie jemals das Gefühl, einer eher oberflächlichen Beziehung oder einer unbedeutenderen Seite einer wichtigen Beziehung mehr Bedeutung beizumessen, als diese es eigentlich verdient hatte? Eine der Folgen von Traumata und Missbrauch, die sich besonders stark auf Beziehungen auswirken können, ist die Neigung der Betroffenen, zwischen einer idealisierten und einer übermäßig kritischen Sicht der eigenen Person und anderer Menschen zu schwanken und bestimmte Charakteristika übertrieben zu gewichten oder herunterzuspielen, um ihre Sicht ihrer selbst oder anderer zu rechtfertigen. Das Resultat dieser Tendenz ist häufig ein Phänomen, das »Übertragung« genannt wird.

In Woody Allens Film *Der Stadtneurotiker* gibt es eine Szene, in der zwei Liebende zusammen im Bett liegen, allem Anschein nach in einer intimen Situation. Doch sie sind gar nicht allein. Bilder von Familienmitgliedern und Ex-Geliebten der beiden werden in die Szene eingeblendet. Auf diese Weise veranschaulicht der Regisseur das gewaltige emotionale »Gepäck«, das beide aufgrund von Übertragung in die Situation mitbringen. Übertragung ist die Bezeichnung für das unbewusste Zuschreiben oder »Transferieren« von Gefühlen und Überzeugungen, die Sie mit bestimmten wichtigen Personen in Ihrem Leben verbunden haben, auf jemand anderen.

Die folgende Übung hilft Ihnen herauszufinden, wie sich Übertragung auf Ihre aktuellen Beziehungen auswirkt und wie Sie die Übertragung beeinflussen und schließlich neutralisieren können. In Zukunft werden Ihre Reaktionen auf die Person, mit der Sie zu tun haben, auf der reinen Interaktion mit ihr basieren und nicht mehr auf alten Gefühlen, die sich im Grunde auf eine völlig andere Person beziehen.

Partner, Eltern, Kinder und erweiterte Familie

> **Ein kleiner Schritt**
>
> Nehmen Sie sich 30 Minuten Zeit, um Ihre Antworten auf folgende Fragen zu notieren. Denken Sie an einen Menschen in Ihrem Leben, dem gegenüber Sie einmal auf Anhieb starke positive oder negative Gefühle hatten. Stellen Sie sich diesen Menschen einen Augenblick lang vor – wie er aussah und wie seine Stimme klang.
> 1. Erinnert diese Person Sie an jemanden, der in der Vergangenheit für Sie sehr wichtig war? Erinnert etwas an Ihrer Beziehung zu dieser Person Sie an ein früheres Erlebnis, das bei Ihnen ähnliche Emotionen erzeugt hat?
> 2. Falls Sie eine der beiden obigen Fragen mit Ja beantwortet haben, stellen Sie nun eine Liste von Ähnlichkeiten zwischen der Person oder Situation in der Gegenwart und der Person oder Situation aus der Vergangenheit zusammen. Liefern Ihnen diese Ähnlichkeiten Anhaltspunkte dafür, wie Sie mit der aktuellen Situation am besten umgehen sollten? Was beispielsweise war in der Vergangenheit nützlich?
> 3. Notieren Sie nun, wie sich die Person oder Situation, um die es aktuell geht, von der Person oder Situation, um die es in der Vergangenheit ging, unterscheidet.
> 4. Wenn Sie von diesen Unterschieden ausgehen, wie könnten Sie dann am angemessensten und wirksamsten mit der Person, um die es aktuell geht, umgehen? Sie können nun anfangen, Ihr Verhalten dieser Person gegenüber entsprechend zu verändern.

Die Person, auf die sich diese Gefühle beziehen, ähnelt in der Regel der Person, die in der Vergangenheit die entsprechenden Gefühle hervorgerufen hat. Doch sicher sind nicht alle Überzeugungen und Gefühle, die Sie mit der neuen Person assoziieren, im konkreten Fall zutreffend. Übertragung kann uns daran hindern, die einzigartigen Qualitäten uns nahestehender Menschen wahrzunehmen und zu würdigen, und sie kann uns für Enttäuschung und Ausnutzung anfällig machen.

Wenn Sie beispielsweise einmal eine liebevolle Beziehung zu einem Großvater hatten, der in Ihr Heimatland eingewandert war, kann das Phänomen der Übertragung bewirken, dass Sie

sich automatisch zu älteren Männern mit fremdländischem Akzent hingezogen fühlen, noch bevor Sie sich über deren Charakter klar geworden sind.

> Ich habe einmal einen Bauunternehmer kennen gelernt, der viele Kunden betrogen hatte. Als ich ihn beauftragte, kannte ich seine Geschichte noch nicht. Der Eindruck von »Güte«, den ich an ihm zu erkennen glaubte, veranlasste mich, seine Referenzen nicht zu prüfen.
>
> Später wurde mir klar, dass die Rechtschaffenheit, die ich in ihm zu sehen geglaubt hatte, im Grunde auf dem Wiedererleben eines Gefühls basierte, das ich in meiner Kindheit meinem Urgroßvater entgegengebracht hatte; dieser hatte mit einem weichen französischen Akzent gesprochen und wunderschönes weißes Haar gehabt. Aufgrund der Ähnlichkeiten – einem fremdländischen Akzent und weißem Haar – hatte ich meine Zuneigung zu meinem Urgroßvater auf den Bauunternehmer übertragen, ohne zu überprüfen, ob diese Einschätzung dem Mann entsprach.
>
> Als ich später herausfand, wie unseriös er sich vielen anderen Kunden gegenüber verhalten hatte, wurde ich wütend und fühlte mich hinters Licht geführt. Mir wurde klar, wie sehr er sich von meinem Urgroßvater unterschied, und die Übertragung löste sich augenblicklich in nichts auf. Erst jetzt sah ich den Bauunternehmer realistisch. Ich merkte, dass sein Geschäftsgebaren wenig Integrität erkennen ließ und dass er nur sehr oberflächlich dem Verwandten ähnelte, der mir so sympathisch gewesen war. Zum Glück konnte ich aufgrund dieser Erkenntnis verhindern, dass er mich ebenso wie seine früheren Kunden betrog.

In diesem Fall hatte ich also positive Gefühle auf eine Person projiziert, die diese nicht verdient hatte. Doch Übertragung kann uns auch dazu bringen, ungerechtfertigt auf andere Menschen bezogene negative Gefühle zu erleben. Wenn jemand einen Charakterzug, eine körperliche Erscheinungsform oder eine Geste zeigt oder eine Situation erzeugt, die Sie unbewusst an ein schmerzhaftes Erlebnis erinnert, kann die dadurch entstehende

Übertragung Ihre Gefühle der betreffenden realen Person gegenüber trüben, obwohl dieser nichts getan hat, was diese Einschätzung rechtfertigen würde.

Dieses Phänomen ist besonders tragisch und schädlich, wenn Eltern negative Gefühle aus früher erlebten Situationen auf ihre unschuldigen Kinder projizieren. Deshalb müssen Sie lernen, Ihre Übertragungstendenzen zu erkennen, und die Verantwortung für sie zu übernehmen, um Ihren Kindern und anderen Menschen, die Ihnen wichtig sind, nicht grundlos Schmerz zuzufügen.

Übertriebene Idealisierung

Die übertriebene Idealisierung anderer Menschen macht anfällig für Enttäuschungen. Niemand ist vollkommen, und wenn Sie sich selbst oder einen anderen Menschen genauer anschauen, merken Sie dies meist sehr schnell. Wenn jemand Ihnen als »zu gut, um wahr zu sein« vorkommt, ist möglicherweise genau das der Fall.

Wenn Sie mit einiger Verzögerung merken, dass ein Freund nicht so perfekt ist, wie Sie einmal geglaubt haben mögen, kann das bei Ihnen das Gefühl hervorrufen, Sie seien betrogen worden. Deshalb ist es wichtig, den Unterschied zwischen einer Enttäuschung darüber, dass jemand nicht Ihren Erwartungen gerecht wird, und einem tatsächlichen Betrug zu erkennen. Basieren Ihre Gefühle ausschließlich darauf, dass der andere Ihren idealisierten Annahmen über ihn nicht gerecht wird, sollten Sie sich vor Augen führen, dass Ihre Perfektionserwartungen unrealistisch waren. Dies zu realisieren und dementsprechend zu handeln hindert Sie daran, die andere Person vor den Kopf zu stoßen und eine positive Beziehung zu einem anderen Menschen vorzeitig zu beenden.

> **Ein kleiner Schritt**
>
> Denken Sie an einen Menschen, über den Sie sich schon wiederholt aufgeregt haben oder auf den Sie im Augenblick wütend sind. Nehmen Sie sich einen Moment Zeit, um zu untersuchen, ob Ihre Gefühle das Resultat von unrealistischen Erwartungen dieser Person gegenüber sind.
>
> **Möglichkeiten**
>
> - Wie könnten Sie Ihre Erwartungen so verändern, dass sie sich auf das tatsächliche Wesen der anderen Person beziehen?
> - Was versprechen Sie sich von dieser Freundschaft oder was erhoffen Sie sich davon?
> - Wäre es von Nutzen, wenn Sie mit der anderen Person offen über Ihre Ziele sprechen würden?

Menschen, die zu Missbrauch und Ausbeutung neigen

Problematisch an der Idealisierung ist auch, dass Sie dadurch Gefahr laufen, sich von gewissenlosen Menschen verletzen oder übervorteilen zu lassen. Ein Beispiel hierfür ist der bereits erwähnte korrupte Bauunternehmer, der zunächst stets das Vertrauen seiner Kunden gewann, um sie dann zu betrügen.

Einige Menschen neigen zu emotionaler Ausbeutung. Sie geben sich zunächst vertrauenswürdig und mitfühlend, doch ihnen geht es in Freundschaften und anderen Beziehungen einzig und allein um ihren eigenen Nutzen und Vorteil. Entgleitet einem solchen Menschen die Kontrolle über eine Situation – weil er sich Ihnen plötzlich nicht mehr überlegen fühlt oder Sie ihm nicht mehr nachgeben –, wird er wahrscheinlich wütend. Vielleicht greift er Sie dann verbal an, um Sie doch noch gefügig zu machen, oder er droht Ihnen, die Beziehung zu beenden.

Solche Menschen suchen sich immer Opfer, die sie idealisieren, weil die mit der Idealisierung verbundenen Illusionen ihre

Opfer leichtgläubig und vertrauensselig machen. Falls Sie in Ihrem Leben mit einem Menschen konfrontiert werden, der zu Misshandlung und Ausbeutung neigt – und früher oder später werden Sie höchstwahrscheinlich auf solche Menschen treffen –, müssen Sie dem Betreffenden Grenzen setzen und ihm gegenüber Ihre eigene Position vertreten. Erkennen Sie die Wut eines solchen Menschen als das, was sie ist: ein Versuch, Sie doch noch gefügig zu machen.

Möglichkeiten

- Gibt es in Ihrem Leben einen Menschen, der Ihr Vertrauen missbraucht oder versucht, Sie auszubeuten, zu tyrannisieren oder zu manipulieren, damit Sie etwas tun, das nicht in Ihrem Interesse ist?
- Fürchten Sie, wenn Sie nicht auf die Forderungen dieses Menschen eingehen, Ihre Beziehung zu ihm aufs Spiel setzen? Wenn ja, dann stellen Sie sich vor, Sie würden aus der Zukunft auf Ihr gegenwärtiges Leben zurückschauen, und fragen Sie sich, ob Sie sich wünschten, Sie hätten sich zur Wehr gesetzt, wären für Ihre Prinzipien eingetreten und hätten sich geweigert, in die Forderungen des Betreffenden einzuwilligen.

Falls Ihnen eine Einschätzung Ihrer Situation schwer fällt, hilft es Ihnen möglicherweise, Ihre Gedanken aufzuschreiben oder mit einem Freund darüber zu sprechen. Wenn Sie glauben, sachkundige Hilfe zu benötigen, sollten Sie sich an einen Psychotherapeuten wenden.

Die Falle des Zynismus

Ausbeutung oder Misshandlungen in einer früheren Beziehung können dazu führen, dass Sie generell misstrauisch und zynisch werden und sich neuen Beziehungen gegenüber verschließen. Das ist tragisch, weil es zu Verbitterung und Einsamkeit führt. Eine Möglichkeit, sich vor der Falle des Zynismus zu schützen,

besteht darin, Vertrauen erst allmählich zuzulassen und sich generell gegenüber Menschen, die Sie noch nicht gut kennen, nicht angreifbar zu machen.

Die folgenden beiden Fragen helfen Ihnen festzustellen, wie sicher Sie sich in Situationen fühlen können, die Ihr Vertrauen voraussetzen.

Möglichkeiten

- Wie gut kenne ich diese Person wirklich?
- Woher weiß ich objektiv, dass diese Person die Wahrheit sagt?

In diesem Kapitel wurden zahlreiche Strategien beschrieben, mit denen Sie verhindern können, dass erlebte Traumata und andere schmerzhafte Erlebnisse Ihre aktuellen Beziehungen beeinflussen. Wenn Sie Ihre Fähigkeit, gute Beziehungen aufzubauen, verbessern, bewirkt dies in der Regel wesentlich mehr, als wenn Sie »nur« die negativen Auswirkungen früherer Erlebnisse überwinden. Sie schaffen auf diese Weise Raum für dauerhafte und aufrichtige Beziehungen, die Ihnen viel Freude machen werden.

Was tun, wenn die Vergangenheit ihr hässliches Haupt erhebt?

*Der Buddha hat gesagt: »Ein Reisender sieht auf seinem Weg einen Fluss,
dessen nahes Ufer gefährlich und beängstigend wirkt,
während das andere Ufer ihm als sicher erscheint.
Also sammelt der Mann Äste und Zweige und baut daraus ein Floß,
auf dem er den Fluss überquert. Nehmen wir nun an, dass der Reisende,
nachdem er das andere Ufer erreicht hat,
das Floß auf seinen Kopf nimmt und damit weiterwandert …«*
Stephen Mitchell

Ebenso wie dieses Floß können schmerzhafte Erlebnisse zu einer emotionalen Belastung werden, die wir ständig mit uns herumschleppen und die uns in unserer Fähigkeit beeinträchtigt, uns frei zu bewegen und unser Leben zu genießen. In diesem Kapitel geht es darum, wie Sie sich von unerwünschten Belastungen, die aus der Vergangenheit stammen, befreien können, während Sie die Früchte der Stärken und Fertigkeiten ernten, die Sie durch die Bewältigung schmerzhafter Erlebnisse erworben haben. Im ersten Abschnitt des Kapitels lernen Sie, sich von störenden Bildern zu befreien, die als Nachwirkungen traumatischer Erlebnisse auftreten. Im zweiten Abschnitt geht es um unaufgelöste Probleme, die mit früheren Beziehungen zusammenhängen. Und im letzten Abschnitt lernen Sie zu nutzen, was Sie im Laufe Ihres Lebens durch traumatische Erlebnisse gelernt haben. Die folgenden Übungen werden ein erhebliches Maß an Energie bei Ihnen freisetzen.

Flashbacks

Manchmal machen sich traumatische oder schmerzhafte Erlebnisse später in Form sogenannter Flashbacks (auch »Erinnerungsblitze« genannt) bemerkbar: Gedanken und innere Bilder, die sich auf solche Erlebnisse beziehen, dringen plötzlich ins Bewusstsein. Abgesehen davon, dass dies unangenehm ist und beunruhigend wirkt, kann es die Konzentration und die Fähigkeit, völlig im gegenwärtigen Augenblick präsent zu sein, beeinträchtigen.

Wenn Sie mit Menschen in Kontakt kommen oder Situationen erleben, die Sie direkt oder indirekt an unangenehme Erlebnisse erinnern, kann das Flashbacks auslösen. Auch aktuelle Erlebnisse, die scheinbar nichts mit früheren Traumata zu tun haben, können zu einem Flashback führen, wenn irgendetwas an dem betreffenden Erlebnis ein Gefühl der Verletzlichkeit oder Angst hervorruft, das einem in der Vergangenheit erlebten ähnelt.

Haben Sie schon einmal unter solchen unangenehmen Gedanken oder Bildern gelitten? Den meisten Menschen passiert das früher oder später. Wenn Sie beispielsweise schon einmal in einen Autounfall verwickelt waren oder eines Nachmittags auf der Fahrt von der Arbeit nach Hause einen Beinahezusammenstoß erlebt haben, ist Ihnen vielleicht aufgefallen, dass später am Abend des betreffenden Tages Bilder von dem anderen beteiligten Fahrzeug oder das Geräusch quietschender Reifen in Ihrem Bewusstsein aufgetaucht sind. Einige Menschen erleben dieses plötzliche Auftauchen von Gedanken und inneren Bildern immer wieder, andere nur gelegentlich, wenn ein ähnliches traumatisches Ereignis Erinnerungen an früher erlebte Situationen der gleichen Art wiederaufleben lässt.

> Claire hatte am Tag, bevor ich sie kennen lernte, miterlebt, wie ihr Partner neben seinem Auto mit vorgehaltenem Revolver ausgeraubt worden war. Obwohl weder ihm noch ihr körperlicher Schaden zugefügt worden war, hatte die Situation beide sehr verängstigt, und in der Zeit danach waren bei ihnen die beunruhigenden unerwünschten Bilder aufgetaucht, die für posttraumatischen Stress typisch sind.
>
> Einige Stunden nach dem Raubüberfall, als sie versuchten, sich in ihrem Haus zu entspannen, hatten sie den Raub unfreiwillig noch einmal durchlebt. Bilder vom maskierten Gesicht des Räubers und seinem ausgestreckten Arm mit dem bedrohlich auf Claires Partner gerichteten Revolver tauchten immer wieder auf und lösten Entsetzen aus. Sie hatten sich in jener Situation gefragt: »Wird er uns umbringen? Was wird er tun, wenn er das Geld bekommen hat?«

Wie es in Fällen posttraumatischer Belastung häufig der Fall ist, durchlebte Claire die Situation des Raubüberfalls am Abend des Vorfalls und am nächsten Tag noch mehrmals. Nachdem sie mir ihr Erlebnis geschildert hatte, brachte ich ihr die Übung »Schreiben, Lesen und Verbrennen« bei, die sich sowohl bei ihr als auch bei ihrem Partner als wirksam erwies.

Schreiben, Lesen und Verbrennen

Weil diese Übung so einfach und kurz ist, empfehle ich sie Klienten, die von traumabezogenen Gedanken und Bildern heimgesucht werden, gewöhnlich als erste. Sie wurde im Brief Family Therapy Center in Milwaukee entwickelt und führt in den meisten Fällen rasch zu einer Linderung der Belastungssymptome.

> **Ein kleiner Schritt**
>
> Suchen Sie sich einen Ort, an dem Sie eine Weile bequem und ungestört sitzen können. Sie brauchen ein Blatt Papier, einen Stift und ein Feuerzeug bzw. Streichhölzer.

1. Beschreiben Sie schriftlich die Bilder oder Gedanken, die Sie plagen.
2. Lesen Sie Ihre Beschreibung einer Person vor, die bereit ist, Sie bei dieser Übung zu unterstützen. Falls sich niemand dazu bereiterklärt, können Sie sich die Beschreibung auch selbst laut vorlesen und sich dabei vorstellen, dass Ihnen jemand, den Sie als mitfühlenden Zuhörer kennen, zuhört.
3. Nehmen Sie das Blatt Papier mit der Beschreibung der Gedanken oder Bilder, zerreißen und verbrennen Sie es.

Indem Sie die Beschreibung Ihrer unerwünschten inneren Bilder laut vorlesen und sie anschließend verbrennen, durchbrechen Sie das Muster zudringlicher Gedanken, weil dem erinnerten traumatischen Ereignis durch dieses Verfahren symbolisch ein neues Ende und eine Auflösung hinzugefügt wird.

Sie können die Übung »Schreiben, Lesen und Verbrennen« jederzeit wiederholen, wenn solche Bilder Sie erneut plagen. Sie befreit Sie von unerwünschten Flashbacks. Manchmal muss man sie oft wiederholen, damit keine neuen Bilder an die Stelle der alten, verbrannten treten.

Möglicherweise werden Sie feststellen, dass diese Übung am besten wirkt, wenn man danach die folgenden Übungen »Linderung durch Zeichnen«, »Negative Botschaften umschreiben« und/oder »Heilende Briefe« ausführt.

Linderung durch Zeichnen

Wenn Sie gern zeichnen oder malen, gefällt Ihnen die folgende Übung wahrscheinlich besser als »Schreiben, Lesen und Verbrennen«. Obwohl es sich dabei um eine Abwandlung einer Technik handelt, die ursprünglich für die Arbeit mit Kindern entwickelt wurde (Crowley & Mills 2006), haben auch viele Erwachsene es mit ihrer Hilfe geschafft, den Strom negativer Gedanken zu unterbrechen und zu einer Heilung zu gelangen. Wie die voran-

gegangenen Übungen ist auch diese nicht schwierig und führt meist rasch zu einer Linderung.

> **Ein kleiner Schritt**
>
> Sie brauchen Zeichenpapier und Farbstifte, Malkreide, farbige Marker oder Farben. Sie werden drei Bilder zeichnen oder malen. Halten Sie sich für die Übung mindestens eine Stunde frei.
> 1. Zeichnen oder malen Sie die inneren Bilder oder Gefühle, die Sie mit Ihren negativen Gedanken assoziieren. Benutzen Sie Farben, die diese Bilder und Gefühle bei Ihnen am besten aktivieren. Machen Sie sich keine Gedanken über den künstlerischen Ausdruck. Sie können entweder ein »realistisches« oder ein abstraktes Bild aus Linien, Formen und Farben malen. Ganz gleich, welche Darstellungsform Sie wählen, es ist in jedem Fall die richtige, weil es die ist, für die Sie sich entschieden haben.
> 2. Zeichnen oder malen Sie auf einem zweiten Blatt eine Darstellung, die das Fehlen der negativen Bilder veranschaulicht. Dieses Bild zeigt, was Sie statt der unerwünschten Flashbacks lieber erleben würden. Machen Sie sich auch dabei keine Gedanken um die Darstellung und konzentrieren Sie sich darauf, den Gedanken oder das Gefühl, das Sie darstellen wollen, so zu zeichnen oder zu malen, wie es Ihnen richtig erscheint.
> 3. Malen oder zeichnen Sie auf einem dritten Blatt, wie Sie von dem auf dem ersten Bild dargestellten Gemütszustand zu dem auf dem zweiten Bild dargestellten kommen könnten.
> 4. Zerreißen Sie das erste Bild.

Linda wurde von ihrem Kunstlehrer am College sexuell belästigt. Als sie sich dagegen zur Wehr setzte, äußerte er sich im Unterricht abfällig über ihre Arbeit. Statt sie konstruktiv zu kritisieren, machte er sie lächerlich und demütigte sie vor ihren Kommilitonen.

Durch zähe Entschlossenheit gelang es Linda, die verbalen Übergriffe des Lehrers so lange zu ertragen, bis der Kurs bei ihm zu Ende war und sie ihren Abschluss in Kunst geschafft hatte. Obwohl dieses Erlebnis ihr Selbstvertrauen erschüttert hatte, hörte sie nie auf, in ihrer Freizeit zu malen, und im Laufe der Zeit

wurde sie wieder ein wenig selbstsicherer. Schließlich erkannten ihre Kollegen die Qualität ihrer Arbeiten und lobten sie.

Als Linda dann eingeladen wurde, ihre Arbeit in einer von einer Jury betreuten Ausstellung zu präsentieren, machte sich der unheilvolle Einfluss des Lehrers in Form von Flashbacks wieder bemerkbar. Plötzlich fiel ihr wieder eine vernichtende Äußerung des Mannes ein: »Bemerkenswert an Ihrer Arbeit ist nur, wie deutlich sie zeigt, dass Sie keinerlei Talent haben.« Am belastendsten an diesem Flashback war für Linda der Ausdruck der Verachtung auf dem Gesicht des Lehrers. Dieses Bild tauchte immer wieder vor ihrem geistigen Auge auf und unterminierte ihr hart erarbeitetes Selbstvertrauen.

Weil Zeichnen und Malen Lindas bevorzugtes Mittel des Selbstausdrucks war, empfahl ich ihr, die Übung »Linderung durch Zeichnen« auszuführen, um sich von der verinnerlichten unerwünschten (und unzutreffenden!) Botschaft zu befreien. Zunächst zeichnete Linda ein Bild von sich als Studentin, auf dem der Lehrer, der sie kritisiert hatte, über ihr stand. Der Mann war auf dem Bild wesentlich größer als sie. Auf dem zweiten Bild zeichnete Linda sich vor einer Ausstellung ihrer Bilder, wobei ihr Gesicht heiter und glücklich wirkte.

Das dritte Bild sollte veranschaulichen, wie sie vom ersten Bild zum zweiten Bild kommen könnte. Hier zeichnete Linda sich im Kreise von Lehrern und Kollegen, die sie unterstützten – einigen, die sie schon früher gekannt hatte, und anderen, die sie mittlerweile neu kennen gelernt hatte. Der Lehrer, der ihr so übel mitgespielt hatte, stand außerhalb des Kreises, und es war ihm nicht möglich, in Lindas Nähe zu kommen. Er war auf diesem Bild kleiner als Lindas Kollegen und als andere Lehrer und auch kleiner als auf dem Bild, das Linda von ihm in Erinnerung hatte.

Dann zerriss Linda das erste Bild. Die beiden anderen behielt sie und schaute sie sich jedes Mal an, wenn sie Zweifel wegen der bevorstehenden Ausstellung hatte. An der Ausstellung teilzunehmen war für sie ein heilendes Erlebnis und ein Wendepunkt in ihrer Karriere.

Negative Botschaften umschreiben

Unzutreffende und unerwünschte negative Botschaften von Eltern, Betreuern, Lehrern und anderen Autoritätspersonen finden manchmal ungewollt Eingang in unser Selbstbild. Wenn das dominierende Merkmal von Lindas traumatischen Flashbacks die negative Botschaft des Lehrers über den Wert ihrer Arbeit gewesen wäre, also nicht der Gesichtsausdruck des Mannes, hätte ich ihr empfohlen, die folgende Übung auszuprobieren.

> **Ein kleiner Schritt**
> Denken Sie darüber nach, welche negative oder destruktive Botschaft aus der Vergangenheit Ihr Selbstvertrauen oder einen positiven Blick auf Ihr Leben beeinträchtigt. Denken Sie sich nun eine neue und gesunde Botschaft aus, die Sie gern anstelle der negativen erhalten würden. Schreiben Sie diese neue Botschaft zunächst mit Ihrer dominanten und dann mit Ihrer nicht dominanten Hand mehrmals auf, bis Sie das Gefühl haben, dass es sich um einen vertrauten Bestandteil Ihrer inneren Überzeugung handelt.

Indem Sie sowohl Ihre nicht dominante Hand als auch diejenige benutzen, mit der Sie normalerweise schreiben, wird die Botschaft mit Ihrer rechten Gehirnhälfte verbunden, der Hemisphäre, von der Neurologen annehmen, dass sie mit unbewussten Prozessen assoziiert ist. Ausgehend davon, dass Sie sowohl auf unbewusster als auch auf bewusster Ebene eine negative Botschaft aufgenommen haben, wird durch das Aufschreiben der gleichen Botschaft mit beiden Händen die korrigierende Information umfassend aufgenommen.

Die Wirkung der neuen, positiven Botschaft lässt sich durch das mehrmalige Aufschreiben fördern. Machen Sie sich keine Gedanken, wenn Sie beim ersten Aufschreiben der neuen Botschaft nicht das Gefühl haben, dass diese »echt« oder zutreffend ist; sie wird ganz allmählich in Ihr Verhalten und in die Art, wie Sie über sich selbst und Ihr Leben denken, Eingang finden.

Marly, eine begabte Pianistin, hatte viel Freude daran, klassische Klavierstücke einzustudieren. Doch jedes Mal, wenn ihr Mann oder ihre Freunde sie baten, etwas für sie zu spielen, erstarrte sie vor Angst, weil sie sich dann an wütende Äußerungen ihres Vaters erinnerte.

Als Marly sechs Jahre alt gewesen war, hatte sie sich damit abgemüht, die simple Melodie eines Übungsstücks zu erlernen, das sie in der nächsten Klavierstunde vorspielen sollte. Ihr Vater, ein Alkoholiker, war an jenem Nachmittag zu Hause gewesen und hatte versucht, seinen Kater auszuschlafen. Durch das Klavierspiel geweckt, war er wütend geworden und hatte das kleine Mädchen angeschrien: »Nicht einmal eine einfache Melodie kannst du spielen, du Idiotin! Mach die Tür zu. Niemand will dieses Geklimper hören.«

Ich forderte Marly auf, sich Gedanken zu machen, durch welche Botschaft sie jene schmerzliche Botschaft aus ihrer Kindheit ersetzt sehen wolle. Sie dachte einige Augenblicke nach, und schließlich fiel ihr ein, was sie ihrer eigenen Tochter jedes Mal, wenn sie Klavier übte, sagte: »Du wirst jedes Mal besser, wenn du spielst, und ich freue mich jedes Mal, wenn ich dich spielen höre.«

Marly schrieb diese Botschaft für sich selbst auf, zunächst mit ihrer dominanten und anschließend mit der nicht dominanten Hand. Dies wiederholte sie im Laufe der nächsten Tage noch ein paar Mal, bis sie die Botschaft als natürlich empfand und sich damit wohl fühlte.

Beziehungen, die noch nicht abgeschlossen sind

Negative Gedanken und Bilder können mit starken Gefühlen verbunden sein, die eine wichtige frühere Bezugsperson betreffen. Ihre Beziehung zu solchen Menschen fühlt sich häufig nicht abgeschlossen oder irgendwie unfertig an.

Probleme aufzulösen, die in der Vergangenheit entstanden sind und bei denen eine andere Person im Spiel ist, kann schwierig werden, wenn dies nur unter Beteiligung der anderen Person möglich ist. Wenn Sie selbst bereit sind, aktiv an der Auflösung der emotionalen Belastung zu arbeiten, muss das bei der anderen

Person nicht unbedingt der Fall sein. Möglicherweise ist sie nicht bereit bzw. physisch oder mental nicht in der Lage, die Konflikte, die sie mit Ihnen hatte, zu lösen.

> Carla war von ihrem Großvater sexuell missbraucht worden. Obwohl dies mittlerweile schon einige Jahre her war, litt sie immer noch unter den seelischen Verletzungen und der Wut über das Erlebte. Sie wünschte sich, ihr Großvater möge seine Schuld eingestehen und bereuen, dass er ihr Schmerz zugefügt hatte. Doch da er mittlerweile an Alzheimer erkrankt und die Krankheit bereits weit fortgeschritten war, würde es dazu wohl nicht kommen. Er erkannte die Mitglieder seiner Familie schon nicht mehr und war nicht mehr in der Lage, eigenverantwortlich und rational über die Dinge, die Carla mit ihm besprechen wollte, nachzudenken.
>
> In Fällen wie diesem ist die Person, mit der Sie in der Vergangenheit ein Problem gehabt haben, für Sie nicht mehr erreichbar oder bereits tot. Möglicherweise ist auch die Person, die Ihnen Unrecht angetan hat, nicht bereit, unter die Probleme, die sie mit Ihnen hatte, einen Schlussstrich zu ziehen. Kathys Ehe endete, als ihr Mann Dave plötzlich sie und ihre beiden Kinder im Vorschulalter verließ, um mit einer anderen Frau zusammenzuleben. Er verweigerte jede Erklärung. Noch Jahre später lehnte er es ab, über das Geschehene zu reden. Nach der Scheidung suchte Kathy den Kontakt zu anderen Männern, doch sobald sich eine ernstere Beziehung anbahnte, waren ihre unaufgelösten Gefühle Dave gegenüber ihr hinderlich. Kathy merkte, dass sie die Wut und das Misstrauen aus ihrer Ehe auf ihre neuen Partner übertrug.

Die Übung »Heilende Briefe« vermag den Schmerz über unabgeschlossene Beziehungen wie die soeben beschriebenen aufzulösen. Weil oft Menschen, mit denen Sie in der Vergangenheit ein Problem hatten, nicht bereit oder in der Lage sind, sich an der abschließenden Auseinandersetzung mit diesem Problem zu beteiligen, setzt die Durchführung dieser Übung die Mitwirkung der anderen Seite nicht voraus.

Die heilenden Briefe helfen Ihnen, problematische Situationen zu bewältigen, auch wenn Ihnen dies aufgrund des Ausbleibens entsprechender Reaktionen derjenigen, die Ihnen Unrecht angetan haben, unmöglich wäre. Wenn die andere Person erreichbar ist und bereit, mit Ihnen zusammen an der Auflösung früherer Konflikte zu arbeiten, können die Briefe Ihnen helfen, sich auf reale Gespräche mit den Betreffenden vorzubereiten.

Die heilenden Briefe zu schreiben hilft Ihnen, sich von negativen Botschaften über das, was Ihnen angetan wurde, zu befreien – von unzutreffenden verinnerlichten Botschaften über Sie selbst, die Sie sich aufgrund des erlebten Missbrauchs oder Traumas unbewusst und unkritisch angeeignet haben.

Heilende Briefe

Bitte lesen Sie sich alle Anweisungen in diesem Abschnitt durch, bevor Sie mit der Übung beginnen.

Schreiben Sie die heilenden Briefe möglichst auf. Sie können sie aber auch laut vorlesen oder sie sich im Geiste vorstellen. Dennoch fallen die Resultate in der Regel am besten aus, wenn sie aufgeschrieben werden.

Adressieren Sie Ihre Briefe an die Person, der gegenüber Sie Emotionen nicht vollständig ausgedrückt haben. Schreiben Sie Ihre Briefe nicht in der erklärten Absicht, sie tatsächlich abzuschicken; gestehen Sie sich die Freiheit zu, alles zu schreiben, was Sie schreiben wollen oder müssen. (Nach Abschluss der Übung können Sie einen weiteren Brief verfassen, den Sie abschicken, wenn Sie dies wollen. Doch wenn Sie sich schon beim Schreiben vorstellen, wie solch ein Brief wirken wird, kann das die therapeutische Wirkung des Schreibens beeinträchtigen, weil Sie sich nicht mehr ungefiltert ausdrücken können.)

Im Rahmen der Übung verfassen Sie vier Briefe. Den ersten schreiben Sie ohne Unterbrechung. Den dritten Brief müssen Sie

unmittelbar nach dem zweiten verfassen. Dadurch wird gewährleistet, dass dieser Prozess therapeutisch (also heilend) und nicht traumatisierend wirkt. Den vierten Brief können Sie zu einem anderen Zeitpunkt fertigstellen.

Nehmen Sie sich für den ersten Brief eine Stunde Zeit, für die Briefe zwei und drei zusammen zwei Stunden und für Brief vier eine Stunde. Wie viel Zeit Sie zum Verfassen bestimmter Briefe benötigen, hängt jeweils sowohl von Ihrer individuellen Verarbeitung ab als auch von der Komplexität der früheren Beziehung oder Situation, um die es in Ihrem Brief geht. Die Briefe werden in der Regel im Laufe von drei aufeinanderfolgenden Tagen geschrieben; Sie können dazwischen aber auch mehr Zeit verstreichen lassen.

Sie können die heilenden Briefe, falls erforderlich, mehrmals schreiben, um Ihr Gefühl zu verstärken, dass das Problem wirklich aufgelöst ist, und um eventuelle noch bestehende andere belastende Gefühle aufzulösen. Falls das Schreiben der Briefe bei Ihnen Gefühle aktiviert, die Sie als unerträglich empfinden, rate ich Ihnen, nicht zu zögern, sich für die Bewältigung Ihrer Schmerzen oder Ihrer Wut Hilfe zu suchen. Sie verdienen Hilfe und Trost. Wenn Sie von den Menschen in Ihrer Umgebung die erforderliche Hilfe nicht bekommen, wenden Sie sich am besten an einen Psychotherapeuten.

> **Ein kleiner Schritt**
>
> *Erster Brief: Nicht aufgelöste Gedanken und Gefühle loslassen*
>
> Adressieren Sie diesen Brief an die Person, mit der Ihre unvollständig ausgedrückten Gefühle oder ungelösten Probleme zusammenhängen. Beschreiben Sie, welchen Einfluss es auf Sie hatte, diesen Menschen zu kennen, und wie die Worte oder Handlungen des Betreffenden auf Sie gewirkt haben. Beziehen Sie in den Brief eine Aussage darüber ein, welche Reaktion Sie sich von diesem Menschen auf Ihren Brief wünschen.
>
> Der erste Brief soll Ihnen die Möglichkeit geben, Ihre Gedanken oder Gefühle über die Geschehnisse in der früheren Beziehung, die

Sie immer noch schmerzen, auszudrücken und in stärkerem Maße zuzulassen.

Zweiter Brief: Verinnerlichte negative Botschaften loslassen

Verfassen Sie eine imaginäre Antwort der Person, an die Sie im ersten Brief geschrieben haben. Darin sollen Ihre Ängste darüber zum Ausdruck kommen, was die andere Person Ihnen antworten könnte, sowie auch die Ängste, die Sie haben, weil die andere Person sich weigert, sich mit dem, was Sie im ersten Brief ausgedrückt haben, auch nur auseinanderzusetzen, geschweige denn, es verstehen zu wollen. Der zweite Brief soll Ihnen helfen, sich von negativen Überzeugungen oder Botschaften zu befreien, die Sie aufgrund der Handlungen der anderen Person verinnerlicht haben. Im Anschluss an den zweiten Brief sollten Sie *sofort* den dritten schreiben.

Dritter Brief: Verinnerlichte Hoffnungen loslassen

Schreiben Sie nun eine andere imaginäre Reaktion der Person auf, die Ihnen Unrecht zugefügt hat. Bringen Sie diesmal anders als im zweiten Brief die Hoffnungen und Wünsche zum Ausdruck, die Sie im Hinblick auf die Reaktion der anderen Person haben. Kommunizieren Sie die Bereitschaft der anderen Person, die Verantwortung für das, was sie Ihnen angetan hat, zu übernehmen und durch eine mitfühlende Reaktion auf den Groll, den Sie im ersten Brief zum Ausdruck gebracht haben, ihre Reue auszudrücken.

Dieser dritte Brief zielt auf die heilende Auflösung ab, die mit der erwünschten oder erhofften Reaktion verbunden ist.

Vierter Brief: Sich selbst befreien

Schreiben Sie nun noch einen letzten Brief an die Person, die Sie verletzt hat. Antworten Sie auf das, was sie Ihnen im dritten Brief mitgeteilt hat, und reflektieren Sie die Veränderungen und die befreiende Wirkung, die dies auf Sie hatte. Berücksichtigen Sie alles, was Sie im ersten Brief nicht erwähnt haben oder was Ihnen erst später eingefallen ist.

Sie können diesen Brief sofort nach dem dritten Brief schreiben, aber auch erst einige Tage, Wochen oder Monate später. Ein Zeichen dafür, dass das Schreiben der heilenden Briefe seinen Zweck erfüllt hat, sind Gefühle des Friedens und Trostes, die sich im Anschluss daran einstellen.

Ein Beispiel: Die Wirkung heilender Briefe

Roberta war noch als Erwachsene wütend auf ihren Stiefvater, der ihre jüngeren Schwestern sexuell missbraucht und ihre Mutter körperlich misshandelt hatte. Obwohl mehrere Familienmitglieder bezeugen konnten, was der Mann getan hatte, stritt er es nach wie vor ab, und die betroffenen Frauen schafften es nicht, unter die Probleme, die sie mit ihm gehabt hatten, einen Schlussstrich zu ziehen.

Wegen des Schmerzes und Grolls, den Roberta noch immer empfand, fiel es ihr schwer, ihrem Freund zu vertrauen, und manchmal wurde sie unverhältnismäßig wütend auf ihn. Nachdem sie diese Gefühle, die eigentlich ihrem Stiefvater galten, näher betrachtet hatte, wurde ihr klar, dass sie diese auf ihre gegenwärtige Beziehung übertrug. Durch das Schreiben der heilenden Briefe gelang es ihr, sich von dieser emotionalen Last zu befreien, und es gelang ihr, eine gute Beziehung mit ihrem Freund aufzubauen.

Erster Beispielbrief
Roberta adressierte diesen Brief an ihren Stiefvater und beschrieb darin, was er getan hatte, wie sie sich deswegen fühlte und was sie sich von ihm wünschte.

Hallo Roger,
du hast meine kleinen Schwestern und Kusinen sexuell missbraucht, und du hast meine Mutter geschlagen. Im Laufe der Jahre habe ich gehofft, du würdest irgendwann erklären, dass dir leid tut, was du getan hast. Ich bin immer noch sehr wütend auf dich, weil du meine Schwestern und Kusinen und meine Mutter so sehr verletzt hast. Es hat mir sehr weh getan mit anzusehen, was du ihnen angetan hast. Du hast sie nicht nur missbraucht, sondern ihnen außerdem die Botschaft vermittelt, dass ihre Gefühle keine Rolle spielten. Sie alle hatten Schwierigkeiten, an sich selbst zu glauben, und sie alle hatten nicht genügend Selbstver-

trauen, um in ihrem Leben zu tun, was sie gern getan hätten. Deshalb haben sie es sehr schwer gehabt. Sie hatten Probleme mit ihren Arbeitgebern, und sie suchen sich wie Mutter immer wieder Männer aus, die sie schlagen.

Du hast dich immer geweigert, zu dem zu stehen, was du getan hast. Nicht einmal Jahre später, als sie mit dir zu reden versuchten, hast du die Wahrheit gesagt, und du hast dich auch niemals entschuldigt. Durch dein fortgesetztes Leugnen hast du es ihnen noch zusätzlich erschwert, die Folgen des Missbrauchs zu überwinden. Deshalb bin ich sehr wütend und traurig. Wenn ich sehe, was du bei ihnen angerichtet hast, fällt es mir schwer, anderen Männern zu vertrauen – das gilt sogar für die freundlichen und guten Männer aus meiner Kirchengemeinde. Ich fürchte immer wieder, dass sie sich irgendwann so verhalten werden wie du.

Ich schreibe dies, weil ich möchte, dass du zu dem, was du getan hast, stehst. Ich möchte, dass du sagst, dass es dir leid tut, damit meine Schwestern und meine Mutter und ich dir vergeben können. Ursprünglich wollte ich zu dem vorigen Satz noch hinzufügen: »damit wir alle unbeschwerter weiterleben können.« Tatsache ist jedoch: Ich habe mich entschlossen, mein Leben unabhängig davon, ob du dich entschuldigst oder nicht, nach meinen Vorstellungen zu führen. Du wirst mein zukünftiges Leben *nicht* ruinieren.

Gruß
Roberta

Zweiter Beispielbrief
Roberta schrieb die folgende Antwort Rogers, um sich von allen Ängsten und negativen Botschaften zu befreien, die sie möglicherweise verinnerlicht und in ihr Unbewusstes verbannt hatte.

Hallo Roberta,
nicht zum ersten Mal bin ich entsetzt über deine verrückten und verzerrten Wahrnehmungen. Du versuchst, deine eigenen Fehl-

schläge und die Misserfolge deiner Mutter und deiner Schwestern darauf zurückzuführen, dass ich sie missbraucht und misshandelt hätte. Ich habe weder ihnen noch deinen Kusinen jemals etwas getan. Und ich habe auch nie deine Mutter verletzt. Sie lügen, genauso wie du. Du versuchst, mir etwas anzuhängen und meine Beziehung zu Eurer Mutter zu stören.

Ich bin froh, dass ich dich nie mehr wieder sehen werde.

Gruß
Roger

Dritter Beispielbrief
Roberta schrieb die folgende imaginäre Antwort Rogers auf, um sich von alten Hoffnungen und Sehnsüchten zu lösen, die sich auf das bezogen, was sie von ihm hätte hören wollen, weil sie mit dem Erlebten abschließen und sich psychisch davon lösen wollte.

Hallo Roberta,
ich war sehr traurig, nachdem ich deinen Brief gelesen hatte und mir klar geworden war, welche schrecklichen Auswirkungen das hatte, was ich getan habe. Was ich deiner Mutter und deinen Schwestern und Kusinen angetan habe und dass ich dich dadurch verletzt habe, tut mir sehr leid. Du sollst wissen, dass ich damals nicht darüber nachgedacht habe, dass mein Verhalten eine so schreckliche Wirkung auf deine Mutter und die kleinen Mädchen und auf dich haben würde. Hätte ich darüber nachgedacht, hätte ich sie niemals missbraucht und deine Mutter nie geschlagen.

Ich weiß, dass ich das, was ich getan habe, niemals wiedergutmachen kann; aber ich werde es versuchen, indem ich für deine Schwestern und deine Kusinen die psychologische Beratung bezahle und sie so in ihren Bemühungen unterstütze, wieder gesund zu werden. Deiner Mutter habe ich gesagt, dass mir das, was ich getan habe, leid tut. Ich hoffe, du und sie alle werden mir vergeben können. Ich wünsche dir alles Gute. Ich wünsche

dir ein gutes Leben, ein Leben, das die üblen Dinge ausgleicht, die in deiner Kindheit in deiner Familie geschehen sind.

Gruß
Roger

Vierter Beispielbrief
Roberta antwortet hier auf den dritten Brief, um mit der Problematik endgültig abzuschließen.

Hallo Roger,
ich danke dir dafür, dass du bereit warst, dir anzuhören, was ich dir sagen musste, und ich danke dir auch für deine Antwort. Das hat für mich vieles verändert. Mein Herz ist ein weniger leichter geworden. Ich wünsche dir Gottes Licht und Frieden auf deiner weiteren Lebensreise.

Gruß
Roberta

Wie Sie von Ihrer Vergangenheit profitieren können

> Allen, ein 32-jähriger Lehrer, war von zwei Fremden ohne ersichtlichen Grund zusammengeschlagen worden. Er erklärte, weshalb er sich zu einer psychotherapeutischen Beratung bei mir entschlossen hatte: »Ich hatte immer das Gefühl, dass Dinge aus einem bestimmten Grund geschehen, aber ich kann mir einfach nicht erklären, wie ich mir das, was diese beiden Kerle mir angetan haben, verdient haben soll. Ich frage mich immer wieder: ›Warum ist das nur passiert?‹«

Ich versuchte, ihm klar zu machen, dass üble Dinge manchmal völlig ohne jeden Grund passieren und dass dies eine der Tragödien der menschlichen Existenz ist. Während einige Menschen es als tröstlich empfinden, dass ihnen so etwas auch rein zufällig passieren kann, war mir klar, dass das auf Allen nicht zutraf.

Allen verstand zwar, was ich meinte, konnte sich aber von dem Erlebten nicht so lösen: »Vom Verstand her ist mir klar, dass das, was Sie sagen, stimmt, aber damit komme ich emotional nicht zurecht. Ich muss dem, was geschehen ist, einen Sinn geben, selbst wenn es nicht möglich ist, diesen Sinn objektiv zu beweisen.«

Der Fluss, den Sie überquert haben

Ein traumatisches Erlebnis zu überleben gleicht dem Überqueren eines Flusses: Indem Sie für sich selbst sorgen, entwickeln Sie neue Fertigkeiten, die Ihnen in Zukunft helfen können. Ich habe für Menschen wie Allen, die herausfinden wollen, wie sie von der Bewältigung eines schmerzhaften Erlebnisses profitieren können, die folgende Übung entwickelt.

Ein kleiner Schritt

Nehmen Sie sich für diese Übung mindestens eine Stunde Zeit. Denken Sie an das schmerzhafte Erlebnis, das Sie überlebt haben, und beschreiben Sie es kurz.
1. Was haben Sie durch dieses Erlebnis gelernt?
2. Welche Stärken oder Talente haben Sie genutzt, um über das Erlebnis hinwegzukommen, oder später entwickelt?
3. Wie können Sie diese Stärken oder Talente jetzt zu Ihrem Vorteil nutzen?

Carla, eine erfolgreiche Anwältin Mitte 40, war als Kind von ihrem Großvater sexuell missbraucht worden. Sie erklärte mir ihr Dilemma wie folgt: »Ich glaube, das Härteste, was ich jemals erlebt habe, ist, dass ich von meinem Großvater sexuell missbraucht worden bin. Wenn das passierte, fühlte ich mich wie ein Nichts. Ich wollte dann manchmal einfach sterben.«

Auf die Fragen antwortete sie wie folgt:

1. Was haben Sie durch dieses Erlebnis gelernt?

»Um es zu überleben, musste ich in jener Situation Möglichkeiten finden, mich davon abzulenken. Ich habe als Kind stundenlang Cello gespielt, um die schrecklichen Gefühle zu überwinden, die ich bekam, wenn ich daran dachte, was Großvater mir angetan hatte. Ich konnte ihn von seinem Tun nicht abbringen, weil er sehr gewalttätig war und weil ich fürchtete, er würde sich rächen, wenn ich ihn verraten würde.«

2. Welche Stärken oder Talente haben Sie damals genutzt, um über das Erlebnis hinwegzukommen, oder später entwickelt?

»Ich erinnere mich noch daran, dass ich mir den Film *A Chorus Line* angesehen habe. In diesem Film redete eine Frau darüber, wie gern sie fürs Ballett trainiere, weil dort alles schön und okay sei. So war es für mich mit dem Cello, und diese Fähigkeit habe ich entwickelt, um mit der Situation fertig zu werden. Später wurde ich stärker, und in Therapiegruppen lernte ich, meine Gefühle auszudrücken und wütend zu werden, wenn das notwendig war, und meine eigene Auffassung zu vertreten.

Meine Position zu vertreten und wütend werden zu können, wenn das sinnvoll war, war für mich besonders wichtig, weil ich das in der Zeit, als mein Großvater mich missbraucht hatte, nicht konnte. Das habe ich erst nach dem Missbrauch gelernt, um mit dem damals Erlebten fertig zu werden und mich vor weiterem Missbrauch anderer Art zu schützen. Dass ich gelernt habe, meine Wut auszudrücken, hat mir geholfen, mich gegen Menschen, die mich emotional misshandeln oder finanziell ausnutzen wollten, zu wehren.«

3. Wie können Sie diese Stärken oder Talente jetzt zu Ihrem Vorteil nutzen?

»Was die Nutzung dieser Fertigkeiten – meine eigene Auffassung zu vertreten und Cello zu spielen – in meinem jetzigen Leben angeht, so glaube ich, dass ich wieder mit dem Musizieren beginnen sollte. Ich spiele seit fünf oder sechs Jahren nicht mehr Cello. Ich habe nicht einmal mehr ein Cello; aber immerhin höre ich noch Musik. Ich möchte mir wieder mehr Zeit für Musik nehmen, mir CDs anhören und vielleicht auch Konzerte besuchen. Ich glau-

be, ich würde gern ein anderes Musikinstrument spielen lernen, eines, das ich besser tragen kann, zum Beispiel Gitarre. Und was mein Durchsetzungsvermögen angeht, so möchte ich in meinem Beruf selbstsicherer werden.«

Aus Ihrer Vergangenheit lernen

Die letzte Übung dieses Kapitels fasst die in den vorangegangenen Übungen geleistete Arbeit zusammen. Außerdem werden Sie weiterhin von dem Wissen und den Ressourcen profitieren, die Sie entwickelt haben, um das in der Vergangenheit Erlebte zu bewältigen. Ebenso wie bei den anderen in diesem Buch beschriebenen Übungen können Sie auch in diesem Fall Ihre Antworten entweder aufschreiben oder auf einen Tonträger aufnehmen. Und Sie können die Übung so oft wiederholen, wie Sie wollen.

Ein kleiner Schritt

Nehmen Sie sich ein paar Minuten Zeit, um sich in einen Tagtraum über Ihr künftiges Leben zu versenken. Stellen Sie sich vor, Sie nutzen produktiv das gesamte Wissen, das Sie sich sowohl durch Erlebnisse, die Sie lieber vergessen würden, als auch durch solche, an die Sie sich gern erinnern, angeeignet haben.

Alles, was Sie jemals gelernt haben, ist Teil Ihrer persönlichen Weisheit. Sie müssen nicht erst alt werden, um Weisheit zu erlangen, Sie müssen nur aufrichtig und aus vollem Herzen gelebt haben.

Über den Umgang mit Regentagen und dunklen Nächten

In glücklichen Augenblicken konnte ich manchmal nicht glauben, dass es mir jemals schlecht gegangen war ... Und in Augenblicken der Verzweiflung konnte ich mich nicht einmal mehr daran erinnern, wie sich Glück anfühlte.
Joanna Field

Gibt es auf der Welt auch nur einen einzigen Menschen, der das Erwachsenenalter erreicht und noch nie eine Zeit »emotionaler Dunkelheit« erlebt hat, von der Art, die wir manchmal als »Regentage« und »dunkle Nächte der Seele« bezeichnen? Ich bezweifle das. Auch ich kenne solche dunklen Zeiten nur zu gut. Scheidung, Krankheiten, der Tod von Menschen, die ich liebte, und andere Verluste haben bei mir solche Regentage verursacht.

In diesem Kapitel werden zahlreiche Methoden des Umgangs mit dunklen Nächten und Regentagen beschrieben, sowohl für den Fall, dass Sie sich in solch einer Situation befinden, als auch als Vorbereitung auf dunkle Augenblicke, mit denen Sie in Zukunft konfrontiert werden. Der erste Teil des Kapitels erinnert Sie daran, dass persönliche Probleme sich möglicherweise wesentlich weniger negativ auf Ihr Leben auswirken, wenn Sie dafür sorgen, dass Sie gesund bleiben. Im nächsten Abschnitt wird beschrieben, wie Sie einige Ihrer belastenden Gefühle ausdrücken und dadurch überwinden können. Der dritte Abschnitt hilft Ihnen, Erwartungen, die Sie an sich selbst haben, zu verändern. Und der letzte Abschnitt bereitet Sie auf die Regentage vor, die mit Sicherheit auch in Ihrem Leben kommen werden.

Gelegentliche Niedergeschlagenheit ist kein Zeichen dafür, dass Ihre Bemühungen, Ihrem wahren Selbst die Treue zu halten

und ein von Freude erfülltes Leben zu führen, gescheitert sind. Die meisten Menschen sind hin und wieder deprimiert. Solche trostlosen Zeiten sind weniger belastend, wenn Sie sie als das sehen, was sie tatsächlich sind: keine dauerhaften, sondern vorübergehende Zustände, die allmählich wieder abklingen, wenn Sie in den Alltag zurückkehren. Völlig unterschiedliche emotionale Zustände zu erleben gehört zu einem erfüllten und erfüllenden Leben.

Ich möchte an dieser Stelle betonen, dass es sich bei den Gemütszuständen, um die es in diesem Kapitel geht, nicht um Episoden einer schweren klinischen Depression handelt. Zwar können dunklere Tage unangenehme Gefühle der Rastlosigkeit, Wut, Verwirrung, Traurigkeit oder Angst hervorrufen, aber diese sind nicht lebensbedrohlich. Falls Sie allerdings irgendwann feststellen sollten, dass Sie viele Tage in Folge depressive Gefühle erleben, die nicht wieder abklingen, oder falls Sie massive Selbstmordgedanken entwickeln, sollten Sie sich unbedingt an einen Psychotherapeuten oder Psychiater wenden.

Sorgen Sie gut für sich

Als Psychotherapeutin habe ich festgestellt, dass die meisten Menschen in Zeiten des Aufruhrs die Grundlagen des normalen Lebens vergessen, obwohl diese gerade in solchen Situationen besonders wichtig sind. Deshalb werden wir uns hier zunächst mit diesen Grundlagen befassen. Dazu gehört auch die Erhaltung der körperlichen Gesundheit – sie ist ein wichtiger Aspekt emotionalen Wohlbefindens.

Essen Sie gesund

Viele Menschen vergessen in Zeiten inneren Aufruhrs zu essen oder essen unregelmäßig. Falls Sie zur Unterzuckerung neigen,

kann eine unzureichende Nahrungsaufnahme Gefühle der Depression und Angst verstärken.

Auch der gesteigerte Konsum von Koffein und Zucker anstelle von gesunder Nahrung kann negative Gefühle intensivieren. Das Gleiche gilt für Alkohol. Achten Sie also in Zeiten, in denen es Ihnen schlecht geht, auf eine gesunde Ernährung und auf regelmäßige Mahlzeiten. Ihre Großmutter hatte schon Recht: Eine »kräftige« Mahlzeit kann die Stimmung deutlich verbessern.

Gönnen Sie sich genügend Schlaf

Auch Erschöpfung kann eine bedrückte Stimmung hervorrufen. Wie falsche Ernährung verstärkt auch Schlafmangel negative Emotionen. Falls Sie das nicht glauben, empfehle ich Ihnen, an ein übellauniges kleines Kind zu denken, das den Mittagsschlaf versäumt hat.

Schlafentzug wirkt sich auch auf Erwachsene negativ aus. Als ich mich mit meiner Neigung zur Arbeitssucht auseinandersetzte, hielt ich meine Erschöpfungszustände irrtümlich für eine Depression. Schließlich wurde mir klar, dass die Tage, die ich für meine »schlechten Tage« gehalten hatte, in der Regel Tage waren, an denen ich in zu kurzer Zeit zu viel zu erledigen versucht hatte – wobei noch erschwerend hinzukam, dass ich in der vorangegangenen Nacht zu wenig geschlafen hatte.

Nehmen Sie ein Bad

Zur Zeit unserer Großeltern hörte man noch oft: »Es gibt nur wenige Probleme, die man nicht durch ein heißes Bad und durch Ausschlafen lösen kann.« Das gilt auch heute noch! Ein Bad beruhigt die Sinne und ermöglicht es uns, den im Laufe eines Tages entstandenen Stress abzuschütteln.

Machen Sie mal Pause

Erinnern Sie sich noch an die ultradianen Rhythmen, die ich im sechsten Kapitel erwähnt habe? Wir sind am leistungsfähigsten, wenn wir alle anderthalb bis zwei Stunden eine Pause machen. Das Bedürfnis des Körpers nach solchen Pausen zu ignorieren kann Stress und Konzentrationsschwierigkeiten verursachen und die Gefahr, krank zu werden, erhöhen. Machen Sie 20 Minuten Pause und achten Sie auf den Unterschied.

Bewegen Sie sich

Wie viel Zeit verwenden Sie auf körperliche Betätigung oder Sport? Forsches Gehen oder eine Aerobic-Einheit wirken nicht nur tonisierend auf den Körper, sondern beruhigen auch den Geist, verhelfen zu einem klaren Kopf und verbessern den Schlaf. Außerdem stimuliert Bewegung die Produktion von Endorphinen, unseren körpereigenen Antidepressiva.

Wenn Sie glauben, Sie hätten nicht genug Zeit für regelmäßigen Sport, stehen Sie wahrscheinlich unter so starkem Stress, dass Sie genau dieses Training unbedingt brauchen! Machen Sie sich für eine Stunde von Ihren Verpflichtungen frei und trainieren Sie ein wenig. Durch das Training mobilisieren Sie neue Energien, so dass Sie wieder leistungsfähiger sind.

Lassen Sie sich massieren

Sind Ihr Hals und Ihre Schultern verspannt? Ist Ihr Bauch in Aufruhr? Stehen Sie zu Hause, im Beruf oder in Ihrem Leben unter Stress? Wenn ja, versucht Ihr Körper Ihnen wahrscheinlich klar zu machen, dass Sie es ein wenig langsamer angehen lassen und sich entspannen sollten. Vereinbaren Sie einen Termin für eine Massage oder bitten Sie einen Ihrer Freunde oder ein Familienmitglied um eine entspannende Rückenmassage.

Wenn Sie im Moment niemanden kennen, der bereit oder in der Lage ist, Ihnen eine Massage zu geben, können Sie sich auch selbst die Füße massieren. Die Bearbeitung der schwer beanspruchten Fußmuskeln durch Kneten, Reiben und beruhigendes Streichen wirkt entspannend und verursacht Behagen. Lassen Sie Ihre Füße zunächst in einer Wanne mit warmem Salzwasser einweichen, trocknen Sie sie ab und bestreichen Sie sie mit einer duftenden Fußlotion. Arbeiten Sie sich anschließend allmählich über den Rist und die Sohlen Ihrer Füße vor, indem Sie mit Daumen und Fingern kleine Kreisbewegungen ausführen. Vielleicht hatten Sie völlig vergessen, dass sich etwas so gut anfühlen kann!

Lassen Sie sich regelmäßig durchchecken

Leiden Sie unter körperlichen Beschwerden? Ist das schon länger der Fall? Falls Ihre negative Stimmung mit anhaltenden körperlichen Symptomen verbunden ist, hat das Problem eventuell eine medizinische Ursache. Auch ich hatte mich einmal in einem Zustand der Angst und Frustration verfangen und fühlte mich nicht in der Lage, meine normalen Alltagspflichten zu bewältigen, obwohl ich regelmäßig und gut aß und genügend schlief. Erst im Rahmen des jährlichen Check-ups entdeckte mein Arzt, dass ich unter Mononukleose litt, einer Viruserkrankung, die Erschöpfungszustände verursacht.

Hören Sie auf sich selbst

Regentage und dunkle Nächte geben uns zuweilen die Möglichkeit, unsere Werte und Überzeugungen zu überprüfen. Manchmal geht man am besten mit solchen Zeiten im Leben um, indem man akzeptiert, was man fühlt, und auf die Reaktion der Seele hört. Es empfiehlt sich, das Erlebte schriftlich festzuhalten. Das schriftliche Formulieren Ihrer Gefühle kann Linderung ver-

schaffen und eine psychische Distanz erzeugen, die es Ihnen ermöglicht, das verursachende Ereignis oder die Situation, um die es geht, korrekt einzuschätzen. Was versucht Ihnen Ihr Körper durch Ihre Symptome zu sagen?

> Da ich selbst Opfer sexuellen Missbrauchs geworden bin, habe ich vor einigen Jahren eine sehr dunkle und verzweifelte Phase durchlebt, als meine Bemühungen, der Wahrheit zu ihrem Recht zu verhelfen, die Entfremdung von einigen Menschen zur Folge hatten, die die Täter unbedingt schützen wollten. Der folgende Auszug aus meinen damaligen Tagebuchaufzeichnungen zeigt, dass das entmutigende Erlebnis schon den Samen enthielt, der mich schließlich aus der Dunkelheit herausführte:
> »Sehr traurig hörte ich sie gestern Abend sagen: ›Du setzt deine Beziehung zu uns aufs Spiel [wenn du dich weigerst, für uns zu lügen].‹ Ich war enttäuscht über den Mangel an Integrität, der in ihrer Aufforderung zur Lüge zum Ausdruck kam, aber noch mehr traf mich, dass ich mich von meiner Illusion, sie seien tief drinnen gut, lösen musste. Ich habe die Menschen verloren, für die ich sie gehalten hatte, und dieser Verlust ist endgültig.«
> Nachdem ich eine Zeitlang dagesessen und geweint hatte, kam mir ein Gedanke, den ich hoffentlich nie vergessen werde: »Ja, du hast sie verloren, aber dafür kannst du dir nun dein ganzes weiteres Leben lang selbst ins Gesicht sehen.« Mir wurde damals klar, dass es zwar schrecklich ist, jemanden oder etwas, das man liebt, zu verlieren, dass es aber noch schlimmer ist, die eigene Integrität, also das authentische Selbst, zu verlieren. Ich spürte sofort ein Gefühl der Ruhe in mir, und schon ein paar Stunden später konnte ich mich wieder freuen, als ich aus meinem Fenster schaute und unsere alten Apfelbäume im Mondlicht sah.

Denken Sie an andere Regentage

Was haben Ihnen frühere Regentage und dunklen Nächte geschenkt? Setzen Sie sich an einen ruhigen Ort und beantworten Sie sich die folgenden Fragen.

> **Ein kleiner Schritt**
> Denken Sie an die dunklen Tage zurück, die Sie in der Vergangenheit erlebt haben.
>
> **Möglichkeiten**
> - Wie waren diese Tage?
> - Welche Dinge, Menschen oder Handlungen haben Ihre negativen Gefühle ausgelöst?
> - Was haben Sie getan, um sich aus der Zeit der Dunkelheit zu befreien, oder was hat Ihnen schließlich dabei geholfen?
> - Wie könnten Sie dies auf Ihre aktuelle Situation übertragen?

Entwickeln Sie persönliche Rituale

Wenn an Ihren dunklen Tagen oft belastende Gedanken oder Bilder von traumatischen Erlebnissen auftauchen, können Sie die folgenden Übungen aus dem vorigen Kapitel ausführen: »Schreiben, Lesen und Verbrennen«, »Linderung durch Zeichnen« oder »Negative Botschaften umschreiben«.

Rufen Sie einen »Schneetag« aus

Wie lange ist es schon her, seit Sie einmal Zeit ganz für sich allein hatten? Im Norden von Michigan, wo ich aufgewachsen bin, war der Winter sehr lang. Glücklicherweise brachte der graue, wolkenverhangene Himmel für uns Kinder das Geschenk der »Schneetage« mit sich, ungeplanter Feiertage, an denen das Wetter so stürmisch war, dass wir das Haus nicht verlassen konnten. An diesen Tagen konnte man alles Mögliche tun – entweder häusliche Arbeiten erledigen oder einfach im Haus spielen. Wenn Sie zu viel Zeit unter vielen Menschen verbracht haben, ist ein »Schneetag« vielleicht genau das, was Sie brauchen.

Gehen Sie aus dem Haus

Sind Sie zusammengezuckt, als ich Ihnen einen »Schneetag« empfohlen habe? Vielleicht haben Sie ja in jüngster Vergangenheit mehr als genug Zeit zuhause verbracht, weshalb Zuhausebleiben das Allerletzte ist, was Sie tun wollen, wenn Sie den »Blues« haben. In diesem Fall ist es besser für Sie, nach draußen zu gehen oder zumindest eine völlig andere Umgebung aufzusuchen als die, in der Sie sich gewöhnlich aufhalten. Beispielsweise können Sie bei schlechtem Wetter in den botanischen Garten, ein Museum oder ein Einkaufszentrum gehen.

Reagieren Sie sich ab

Sind Sie wegen irgendetwas wütend? Manchmal entstehen Depression und Angst, weil wir unsere Wut nach innen richten. Da Wut aber eine negative Form von Energie ist, kann es sein, dass Sie sich besser fühlen, wenn Sie diese Energie abgebaut haben. Falls es Ihnen zu kindisch ist, auf ein Kissen einzudreschen, können Sie Ihre negativen Gefühle auch durch Schreiben ausdrücken oder sich körperlich austoben, um Ihre Spannungen abzubauen.

Laub zusammenzurechen, Schnee zu schaufeln und ein Blumenbeet umzugraben sind gute Möglichkeiten, den Körper zu entspannen. Das Gleiche gilt für das Scheuern des Bodens und das Fensterputzen oder das Abschleifen eines alten Möbelstücks. Jede Aktivität, die körperliche Anstrengung erfordert, vermag einen Teil Ihrer Wut zu neutralisieren. Danach fühlen Sie sich besser, und Sie haben etwas Produktives getan.

Telefonieren Sie mit Freunden

Melancholie und Depression gedeihen wunderbar in der Isolation. Eigenartigerweise wollen wir manchmal genau dann allein sein, wenn es besonders schlecht für uns ist. Wenn Sie sich de-

pressiv fühlen, kann ein Freund Sie auf zwei Arten unterstützen: Erstens kann er Ihnen zuhören, während Sie ihm Ihre Probleme schildern; und zweitens kann er Sie von Ihren Problemen ablenken, indem er über andere Dinge redet. Beide Arten von Hilfe sind wertvoll. Da viele Menschen das eine besser beherrschen als das andere, sollten Sie jeweils jemanden um Unterstützung bitten, der Ihren Bedürfnissen am besten dient.

Rufen Sie sich Ihre Hoffnungen und Träume in Erinnerung

Haben Sie Hoffnungen und Tagträume, die Ihnen wichtig sind, vergessen? Vielleicht erscheinen diese Ihnen aber im Moment auch nur weit entfernt. Wenn das so ist, empfehle ich Ihnen, nun die Übung »Ein Brief aus der Zukunft« aus dem vierten Kapitel durchzuführen.

Stellen Sie den Bezug zur Gegenwart her

Wenn Ihre dunkle Nacht oder Ihr Regentag durch Gefühle verursacht wird, die mit Erlebnissen aus der Vergangenheit zusammenhängen, müssen Sie möglicherweise Ihre mentale Verbindung zur Gegenwart stärken. Dies hilft Ihnen, Ihre Gefühle mit Hilfe der Ressourcen einzuschätzen, die Ihre Sicht als Erwachsener Ihnen erschließt.

Ein kleiner Schritt

Nehmen Sie sich einen Augenblick Zeit, um darüber nachzudenken, was für Ihre heutige Realität charakteristisch ist. Wie unterscheidet sich Ihre heutige Situation von jener, in der Sie früher gelebt haben? Schauen Sie sich um und stellen Sie fest, welche Farben, Formen, Geräusche und Oberflächenstrukturen Sie umgeben.

Überlegen Sie, was Sie einem Menschen raten würden, der mit dem Problem oder den Gefühlen zu Ihnen käme, mit dem oder denen Sie sich im Augenblick plagen.

Bereiten Sie Ihr Leibgericht zu

Hatten Sie als Kind ein Lieblingsessen? Meines waren Makkaroni mit Tomatensoße. Heute verfeinere ich dieses Gericht mit Basilikum, Knoblauch und ein wenig frisch geriebenem Parmesan, aber es erzeugt bei mir immer noch das gleiche gute Gefühl wie in meiner Kindheit. Welche Speisen wirken bei Ihnen tröstend? In Maßen gegessen, werden sie Ihnen nicht schaden, und vielleicht geht es Ihnen danach sogar ein wenig besser.

Planen Sie einen Urlaub

Manchmal ist eine Flucht genau das, was Sie brauchen, selbst wenn Sie nicht auf der Stelle in Urlaub fahren können. Verbringen Sie stattdessen einfach ein paar Minuten damit, sich Ihren Urlaub vorzustellen – wohin Sie reisen werden, was Sie dort tun werden und wie gut und entspannt Sie sich dort fühlen werden. Schon allein das Wissen, dass Sie in Zukunft Urlaub machen werden, kann Stress verringern, während Sie eine Weile von dem bevorstehenden Urlaub träumen.

Hören Sie Musik

Im Winter sitze ich zusammen mit meinem Mann regelmäßig am Kamin, und wir hören uns jeden Abend nach dem Essen mindestens eine Stunde Musik an. Manchmal lesen wir, oder ich arbeite beim Zuhören an einem Quilt. An anderen Tagen lassen wir uns einfach von der Musik beruhigen, lassen unsere Gedanken schweifen und unseren Körper in einen Zustand der Entspannung hinübergleiten. Musik wird oft nur als Hintergrundberieselung für Gespräche, Arbeit und andere Aktivitäten genutzt, doch sie kann auch sehr entspannend wirken, wenn man ihr wirklich zuhört, ohne gleichzeitig etwas anderes zu tun.

Verreisen Sie im Lehnstuhl

Besorgen Sie sich in einer Bibliothek oder einem Buchladen ein Buch oder ein Video über einen Ort, den Sie schon seit langem gern besuchen würden. So können Sie sich fast kostenlos für einige Stunden an einen Ort Ihrer Träume versetzen, und Sie werden von dort erfrischt und entspannt zurückkehren.

Gönnen Sie sich einen Wellnesstag

Viele Fitnessclubs und Schönheitssalons bieten spezielle Wellnesstage an, eine Kombination von Schönheitsbehandlungen und entspannenden Massagen. Falls Ihnen das zu teuer ist, können Sie sich zu Hause selbst ein ähnliches Vergnügen gönnen.

Planen Sie einen Garten

Mögen Sie Gärten? Kataloge für Samen und Pflanzen mit Bildern von wunderschönen Blumen, Bäumen und Büschen erhalten Sie kostenlos. Einen Katalog dieser Art durchzublättern lädt dazu ein, einen Traumgarten zu entwerfen. Warum planen Sie nicht Ihren Traumgarten und stellen eine Wunschliste von Pflanzen zusammen, die Sie sich kaufen können, sobald Sie Zeit, Geld oder einen entsprechenden Garten dafür haben?

Lernen Sie etwas Neues

Wann haben Sie das letzte Mal etwas getan, nur weil es Ihnen Spaß machte? Ist es vielleicht an der Zeit, sich ein neues Hobby zuzulegen oder ein neues Interesse zu entwickeln? Sprachkurse, handwerkliche Arbeiten und die Beschäftigung mit einer neuen Sportart sind nur einige der Möglichkeiten, Ihrem Leben einen neuen Impuls zu geben.

Beten Sie

Eine Freundin hat bei den Anonymen Alkoholikern einen wunderbaren Spruch kennen gelernt: »Lass los – und dann lass Gott machen.« Wenn Sie an Gott oder an eine andere höhere Macht glauben, kann es Wunder wirken, an diese Instanz ein Gebet zu richten und das, was Sie belastet, in ihre Hände zu legen. Wenn ich Probleme habe, suche ich eine Kirche auf, zünde eine Kerze an und bete – in meiner Heimatstadt ebenso wie auf Reisen. Das hilft mir immer.

Helfen Sie jemandem, der weniger glücklich ist als Sie

Als meine Großmutter vor einigen Jahren an einer Krankheit gestorben war, fühlte ich mich emotional ausgebrannt. Die Welt erschien mir ohne sie trostlos, und der Trauerprozess drohte sich in narzisstisches Selbstmitleid zu verwandeln.

Die Möglichkeiten ehrenamtlicher Arbeit sind unbegrenzt. Es gibt die verschiedensten Organisationen, die benachteiligten Jugendlichen helfen, es gibt Obdachlosenheime, Die Tafel, das Rote Kreuz und noch viele andere Institutionen. Und nicht nur Menschen benötigen Hilfe. Wenn Sie ein Tierfreund sind, können Sie sich auch im Tierschutzverein engagieren oder, noch besser, ein heimatloses Haustier aufnehmen. Alle meine Haustiere waren ursprünglich streunende Tiere, und ich weiß deshalb aus eigener Erfahrung, dass diese Tiere die Liebe und Fürsorge, die wir ihnen zuteil werden lassen, mit unendlicher Treue und Zuneigung belohnen.

Vielleicht brauchen Sie sich nicht einmal an eine Wohltätigkeitsorganisation zu wenden, um Ihr Bedürfnis zu helfen ausleben zu können. Vielleicht haben Sie einen Freund, einen Verwandten oder einen Nachbarn, der von Ihrer Unterstützung und Freundlichkeit profitieren könnte? Denken Sie auch an Jugend-

Lösen Sie sich von überholten Erwartungen

liche und Kinder sowie an ältere Menschen, die oft besonders hilfsbedürftig sind.

Lösen Sie sich von überholten Erwartungen

Manchmal kommen Regentage, weil Sie versuchen, jemand zu sein, der Sie früher einmal waren, aber schon lange nicht mehr sind. Als ich noch jünger war, mehr Zeit hatte und weniger Menschen kannte, stellte ich alle meine Weihnachtsgeschenke selbst her und beglückte die Menschen, die mir wichtig waren, mit selbstgebackenen Weihnachtsplätzchen. Die Weihnachtszeit war für mich immer eine besonders freudige Zeit.

Das war bis vor ein paar Jahren so, als ich plötzlich Mitte Dezember mit einer schweren Grippe im Bett lag und mir verzweifelt überlegte, wie ich es schaffen sollte, die vielen Plätzchen zu backen, und wie ich all die halb fertigen Geschenke für die Mitglieder meiner Familie und für meine Freunde noch fertigstellen sollte.

Es war mir einfach nicht möglich, alles zu schaffen, was ich mir vorgenommen hatte. Wahrscheinlich war ich krank geworden, weil ich versucht hatte, die vielen Geschenke fertigzustellen und gleichzeitig einen gewaltigen Berg an beruflicher Arbeit zu erledigen. Nachdem mir klar geworden war, dass ich nicht mehr über so viel Freiheit verfügte wie damals, bevor meine beruflichen Verpflichtungen gewachsen waren und mein Freundeskreis so groß geworden war, hatte ich wieder mehr Freizeit. Ich verschenke immer noch viele selbstgemachte Geschenke, kaufe sie aber oft auf dem Weihnachtsbasar einer benachbarten Kirchengemeinde. Deshalb kann ich meine freien Tage wieder genießen.

Nehmen Sie sich nun einen Augenblick Zeit, um sich darüber klar zu werden, welche Erwartungen Sie zurzeit an sich selbst haben. Ist es notwendig, sie Ihrem gegenwärtigen Leben anzupassen? Versuchen Sie beispielsweise, Ihr Heim so sauber zu hal-

ten, wie Sie es getan haben, als Sie noch weniger Pflichten hatten oder noch allein wohnten? Wenn ja, sollten Sie Ihre Sauberkeitsvorstellungen vielleicht überdenken oder Ihre Mitbewohner bitten, Ihnen bei den Reinigungsarbeiten zu helfen. Falls Sie es sich leisten können, sollten Sie eine Haushaltshilfe mit dieser Arbeit beauftragen. Wenn Sie sich in anderen Lebensbereichen zu viel auferlegen, können Sie eventuell dort Ihre Prioritäten verändern.

Wer sind Sie abgesehen von Ihren »Pflichten«?

Wenn wir unsere Zeit damit verbringen, Dinge zu tun, von denen wir glauben, dass wir sie tun »sollten«, kann das nicht nur unbefriedigend sein, sondern uns auch Lebensfreude rauben.

> **Ein kleiner Schritt**
> Wenn Sie keinerlei einschränkende Verpflichtungen hätten und für Ihr Auskommen gesorgt wäre, wie würden Sie dann Ihre Zeit verbringen wollen? Welche Gedanken und Bilder kommen Ihnen in den Sinn, wenn Sie sich das vorstellen?
>
> **Möglichkeiten**
> - Wenn Sie Ihren Vorlieben mehr Raum in Ihrem Leben geben würden, statt sich hauptsächlich mit dem zu beschäftigen, was Sie tun »sollten«, welche produktiven und nützlichen Dinge könnten dann in Ihrem Leben geschehen?
> - Durch welchen kleinen Schritt könnten Sie eine dieser neu entdeckten Aktivitäten in die Wege leiten?
> - An welchem kleinen Zeichen würden Sie erkennen, dass Sie angefangen haben, sich in diese Richtung zu bewegen?

Einen emotionalen Zaun reparieren

> Meine Urgroßmutter, die zu Recht für ihr irisches Temperament berühmt war, war einmal auf eine Freundin wütend, weil diese sie gekränkt hatte. Obwohl die Freundin ganz in der Nähe, nämlich in derselben Straße, lebte, sprachen die beiden Frauen 20 Jahre nicht mehr miteinander.
>
> Schließlich brach meine Urgroßmutter das Schweigen und überbrachte ihrer Freundin eine wunderbare Neuigkeit: Ihre Tochter, meine Großmutter, hatte Zwillinge geboren. Danach waren die beiden wieder die besten Freundinnen, als sei nie etwas geschehen. Leider hat ihre selbstauferlegte Kontaktsperre ihre Kommunikation 20 Jahre lang unterbunden. Vermutlich war meine Urgroßmutter während dieser Jahre sehr traurig, wenn sie am Haus ihrer Freundin vorbeiging.

Denken Sie einmal darüber nach, ob Sie zu einem Freund, von dem Sie sich entfremdet haben, wieder Kontakt aufnehmen wollen. Und wenn Sie sich in einer Beziehung, die für Sie sehr wichtig ist, emotional tief verletzt fühlen, empfehle ich Ihnen die Übung »Heilende Briefe« aus dem achten Kapitel.

> **Möglichkeiten**
> - Grollen Sie einem Menschen, der Ihnen sehr wichtig ist?
> - Welchen kleinen ersten Schritt könnten Sie tun, um die Freundschaft zu diesem Menschen wiederherzustellen?

Das Leben ist einfach zu kurz, um guten Freunden jahrelang etwas nachzutragen, das sie uns einmal zugefügt haben.

Prüfen Sie Ihre persönlichen Grenzen

Fühlen Sie sich durch eine Pflicht oder Verantwortung belastet, die Sie eigentlich nicht belasten sollte? Beutet jemand Sie aus, indem er Ihnen einen unzumutbaren Aufwand an Zeit und Ener-

gie abverlangt? Wenn das so ist, könnten die dunklen Nächte oder Regentage, die Sie erleben, darauf hinweisen, dass es an der Zeit ist, diesem Menschen Grenzen zu setzen und sich ihm nicht mehr zur Verfügung zu stellen.

Mit Ausnahme von Kindern und Erwachsenen, die nicht für sich selbst sorgen können, sind wir generell für uns selbst verantwortlich. Wenn Sie immer wieder für andere tun, was diese eigentlich selbst tun müssten, oder wenn Sie sie immer wieder vor den Folgen ihres eigenen unverantwortlichen Verhaltens bewahren müssen, reiben Sie sich auf. Außerdem verhindern Sie durch Ihr Verhalten, dass diese Menschen selbst das Notwendige tun, um aus eigener Kraft im Leben voranzukommen.

> **Möglichkeiten**
> - Beeinträchtigen die Erwartungen anderer Menschen Ihr Leben?
> - Wenn ja, durch welchen kleinen Schritt könnten Sie diese Situation dann verändern?

Das eigene Heim umorganisieren

Im Rahmen meiner Arbeit als Psychotherapeutin ist mir im Laufe der Jahre ein interessantes Phänomen aufgefallen, insbesondere bei Frauen: Wenn sie ihr Heim umorganisieren, fällt ihnen oft im Nachhinein auf, dass sich damit gleichzeitig auch ihre geistigen Prioritäten und ihre psychische Orientierung verändert haben. Falls Sie genügend Zeit dazu haben, sollten Sie einmal einige Dinge in Ihrem Heim verändern, um sie Ihrer augenblicklichen Lebensweise anzupassen (siehe dazu auch das zweite Kapitel).

> **Möglichkeiten**
> - Haben Sie nach der Umorganisation Ihres Heims Veränderungen in Ihrer Lebensweise bemerkt?

Bereiten Sie sich auf künftige Regentage und dunkle Nächte vor

Wir können zwar schwierige Tage nicht immer voraussagen, aber wir können uns durch die Zusammenstellung einer »Trostbox für Regentage« und durch die Abfassung eines Regentagbriefes auf solche schwierigen Situationen vorbereiten, so dass sie uns nicht zu sehr beunruhigen.

Die Trostbox für Regentage

In ihrem Buch *Einfachheit und Fülle* empfiehlt Sarah Ban Breathnach die Einrichtung einer »Trostschublade«. An einem trostlosen Tag eine Trostbox zu öffnen und sich Ihre liebsten Erinnerungsstücke anzuschauen, kann die Stimmung aufhellen und Ihnen helfen, die Schönheit eines solchen Tages wieder wahrzunehmen.

Was bereichert Ihren Geist und Ihre Seele? Haben Sie einen Lieblingskräutertee? Lieben Sie ein bestimmtes Duftbad? Bevorzugen Sie bestimmte Kerzen oder einen Duft, der beruhigend auf Sie wirkt? Bücher über Aromatherapie geben Auskunft darüber, welche Düfte entspannend oder belebend wirken.

Sie können auch Briefe, Karten oder Fotos in die Box legen, die Sie an glückliche Zeiten erinnern. Ein Lieblingsbuch mit Gedichten oder eine Sammlung von Cartoons und Witzen, die Sie aus Zeitungen und Magazinen ausgeschnitten haben, eignen sich ebenfalls. Ein weiches Seidenkissen für Ihre Augen (in Bioläden und einigen Geschenkläden erhältlich) ist eine weitere Möglichkeit. Wenn Sie wollen, können Sie auch einen Teddy oder ein anderes Stofftier in die Schachtel legen; diese trösten nicht nur Kinder, sondern auch viele Erwachsene. Weitere Ideen finden Sie in Jennifer Loudens Buch *Tu dir gut*, einem »Wohlfühlbuch für Frauen«, das Sie ebenfalls in die Trostbox für Regentage legen können.

> **Ein kleiner Schritt**
>
> Legen Sie eine Kiste oder eine Schublade mit einem hübschen Geschenkpapier oder einem Stück Stoff so aus, dass Sie sich das Ergebnis gern ansehen. Legen Sie anschließend die Dinge, die Sie gesammelt haben, hinein.

Ein Brief für Regentage

Manchmal sehen Sie Regentage schon kommen: Ein enger Freund von Ihnen leidet unter einer unheilbaren Krankheit; der Schmerz einer bevorstehenden Trennung kündigt sich an; Ihr Kind verlässt das Elternhaus, um ein College zu besuchen. In anderen Fällen tauchen dunkle Zeiten ohne jede Vorankündigung auf. Sie können sich solche schwierigen Situationen in jedem Fall erleichtern, indem Sie sich mit einem »Brief für Regentage« darauf vorbereiten.

Der Brief für Regentage ist die psychologische Variante der Trostbox für Regentage. In Situationen, in denen wir Trost am dringendsten brauchen, fällt es uns am schwersten, uns ins Gedächtnis zu rufen, was uns helfen könnte. Der Brief für Regentage spendet Trost, wenn wir ihn am dringendsten brauchen. Der Vorteil eines Briefes ist, dass man ihn überallhin mitnehmen und auf ihn zurückgreifen kann. Außerdem bietet er Ihnen die Weisheit der Person, die Sie am besten kennt: Sie selbst!

> **Ein kleiner Schritt**
>
> Nehmen Sie sich Zeit, wenn Sie einen Moment Ruhe haben, und versetzen Sie sich in eine Situation in der Zukunft, in der Sie durcheinander, überfordert oder verzweifelt sind. Schreiben Sie den »Brief für Regentage« an sich selbst.
> 1. Führen Sie darin Aktivitäten auf, die Sie als beruhigend empfinden.
> 2. Notieren Sie die Namen und Telefonnummern von Freunden oder Familienangehörigen, die Sie unterstützen würden.

> 3. Erinnern Sie sich an Ihre Stärken und Tugenden.
> 4. Machen Sie sich Ihre besonderen Talente, Fähigkeiten und Interessen bewusst.
> 5. Vergegenwärtigen Sie sich einige Ihrer Hoffnungen und Träume.
> 6. Geben Sie sich einen besonderen Rat oder eine Mahnung mit auf den Weg.

Es folgt nun ein solcher Brief für einen Regentag, den ich vor einigen Jahren an mich selbst geschrieben habe. Verstehen Sie ihn bitte nicht als Idealbeispiel dafür, wie Ihr Brief aussehen sollte, sondern als Veranschaulichung, die Ihnen helfen soll, selbst einen solchen Brief zu verfassen.

> Liebe Yvonne,
>
> wenn du diesen Brief liest, wird es dir wahrscheinlich nicht gut gehen, du wirst traurig sein, erschöpft oder durcheinander. Ganz gleich, wie du dich in diesem Moment fühlst, dieser Brief ist für dich.
>
> Setz dich an einen schönen Ort und lies den Brief dort. Vielleicht hilft es dir, wenn du dir vorher noch einen Kamillentee machst und ihn beim Lesen trinkst. Ich weiß, dass Tee deiner Seele guttut.
>
> Wenn du im Moment mit dir selbst unzufrieden bist, dann möchte ich dich daran erinnern, dass du zwar nicht perfekt bist, aber ganz sicher einige gute Charakterzüge hast: Du bringst meist zu Ende, was du begonnen hast; du gibst dir große Mühe, in Beziehungen fair und loyal zu sein, und du hast Humor.
>
> Hast du eigentlich schon gegessen? Wenn du willst, kannst du dir jetzt erst einmal Makkaroni mit Tomatensoße machen!
>
> Hast du gut geschlafen? Wenn nicht, wie wäre es dann mit einem heißen Bad und einem Nickerchen?
>
> Wie sieht es mit Bewegung aus? Vielleicht musst du öfter an die frische Luft. Möglicherweise hilft dir ein Spaziergang im Wald. Oder wenn du weit von zu Hause entfernt bist, könntest du eine Kirche besuchen und dort beten. Das hilft dir doch sonst auch immer.

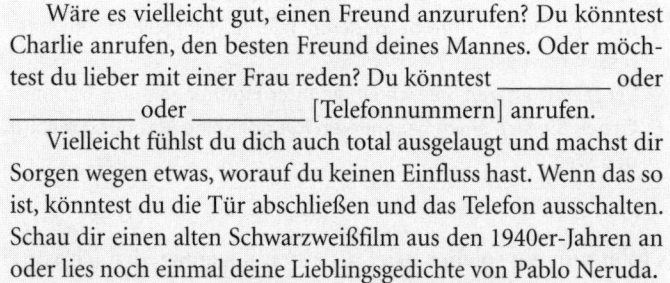

> Wäre es vielleicht gut, einen Freund anzurufen? Du könntest Charlie anrufen, den besten Freund deines Mannes. Oder möchtest du lieber mit einer Frau reden? Du könntest _____ oder _____ oder _____ [Telefonnummern] anrufen.
>
> Vielleicht fühlst du dich auch total ausgelaugt und machst dir Sorgen wegen etwas, worauf du keinen Einfluss hast. Wenn das so ist, könntest du die Tür abschließen und das Telefon ausschalten. Schau dir einen alten Schwarzweißfilm aus den 1940er-Jahren an oder lies noch einmal deine Lieblingsgedichte von Pablo Neruda.
>
> Letztendlich wichtig ist, dass du dir jetzt ein wenig Zeit nimmst, um herauszufinden, was du tun musst, um dich besser zu fühlen, und es dann zu tun. Und denk daran: Was immer geschehen mag, es wird irgendwann vorüber sein. Und ganz gleich, was sonst noch geschieht, ich bin immer für dich da, weil ich dich liebe.
>
> In Liebe
> dein Ich

Schreiben Sie nun Ihren eigenen Brief für Regentage. Sie verdienen den Trost, den er Ihnen bringen wird. Ihn in Stresssituationen noch einmal zu lesen und einige der darin beschriebenen Ideen anzuwenden kann in schwierigen Zeiten viel Gutes bewirken. Ich weiß das nicht nur aus eigener Erfahrung, sondern auch von Hunderten von Klienten, die es selbst ausprobiert haben.

Denken Sie auch daran, dass nichts, weder ein schlechter Tag noch eine schlechte Nacht oder ein beunruhigendes Ereignis, ewig dauern wird. Es wird unvermeidlich eine Veränderung eintreten, und früher oder später wird auch sie vergehen.

Teil IV:
Unterstützung und weitere Ressourcen

Gründen Sie eine Kleine-Schritte-Unterstützungsgruppe

Das einzige echte Geschenk ist ein Stück von dir selbst.
Ralph Waldo Emerson

Wenn Sie einem wohlwollend gesinnten Zuhörer von Ihren Problemen berichten, überwinden Sie die Isolation, die den Schmerz oft noch verschlimmert. Sie fühlen sich bei Ihren Bemühungen, mit Ihrem Problem fertig zu werden, nicht mehr allein. Ebenso verhält es sich, wenn Sie einem verständnisvollen Menschen von Ihren Hoffnungen, Träumen und Plänen erzählen: Dies bestärkt Sie darin, aktiv zu werden und diese Dinge in die Tat umzusetzen. Ein Ziel, über das Sie mit anderen Menschen sprechen, wird realer und erreichbarer. Und wenn Sie mit jemandem über Hoffnungen oder Träume gesprochen haben, die Ihnen wichtig sind, fällt es Ihnen danach schwerer, sie als unwichtig abzutun, zu vergessen oder auf andere Weise aus dem Blick zu verlieren.

Eine Gruppe, deren Mitglieder einander unterstützen, kann daher von unschätzbarem Wert sein. Die Mitglieder können einander helfen herauszufinden, welche kleinen Schritte nacheinander ausgeführt werden müssen, um ein Ziel zu erreichen. Kleine-Schritte-Unterstützungsgruppen dienen dazu, ihren Mitgliedern diese gegenseitige Unterstützung zu ermöglichen und ihnen dabei zu helfen, ihr wahres Selbst zu erforschen und den ihm angemessenen kreativen Ausdruck zu finden.

Dieses Kapitel enthält praktische Informationen und Empfehlungen für die Strukturierung einer solchen Gruppe. Ferner sind darin einige grundlegende Fragen aufgeführt, die für die Arbeit der Gruppe nützlich sind, sowie eine Liste aller Übungen aus

diesem Buch, die sich auch für Kleine-Schritte-Unterstützungsgruppen eignen.

Die Gruppenstruktur

Die Organisatoren sollten zunächst festlegen, wann, wo und für wie viele Sitzungen die Gruppe sich treffen und wer die Sitzungen leiten wird.

Sie können selbst eine Gruppe gründen, indem Sie einige Freunde, die bereit sind, einander zu unterstützen, dazu einladen; Sie können sich die Organisation und Leitung der Gruppe aber auch einem Psychotherapeuten übertragen. Im letzteren Fall müssen Sie darauf achten, dass der Betreffende in lösungsfokussierter Therapie ausgebildet ist und schon Gruppen geleitet hat.

Am besten beginnt man mit einer zeitlich begrenzten Gruppe. Beispielsweise kann zunächst ein zeitlicher Umfang von sechs Sitzungen festgelegt werden, und man kann den Gruppenmitgliedern beim letzten dieser Treffen die Möglichkeit geben, eine Verlängerung der Arbeit um eine weitere genau festgelegte Zeitspanne zu beschließen. Gleich am Anfang mehr als sechs Sitzungen festzulegen, wirkt auf manche Interessenten abschreckend und hält sie vielleicht davon ab, sich der Gruppe anzuschließen.

Die Dauer der Gruppensitzungen variiert je nach Gruppengröße zwischen eineinhalb und zwei Stunden. Ich empfehle eine Gruppengröße von mindestens drei und nicht mehr als zehn Personen. Jedes Gruppenmitglied muss in jeder Sitzung die Möglichkeit haben, zu Wort zu kommen, was bei einer zu großen Gruppe schwierig wird.

Falls die Gruppe keinen offiziellen Leiter hat, sollten die Mitglieder die Leitung reihum übernehmen und diese Rotation im Voraus festlegen. Der Gruppenleiter muss dafür sorgen, dass alle Teilnehmer die Möglichkeit haben, auf grundlegende Gruppen-

fragen zu antworten und sich eine der am Ende dieses Kapitels aufgeführten Gruppenübungen auszusuchen.

Ich empfehle, die Redezeit für jedes Mitglied auf fünf Minuten zu beschränken. Die Benutzung einer Stoppuhr gewährleistet, dass alle Teilnehmer während einer Sitzung sprechen können. In manchen Gruppen regelt sich dies aber auch mehr oder weniger von selbst.

Allgemeine Empfehlungen

Grundsätzlich sollten sich alle Gruppenmitglieder darin einig sein, dass sie einander achten und fördern. Sinn und Zweck der Gruppe ist ja, die Teilnehmer psychisch zu unterstützen und ihnen Mut zu machen, während sie sich mit ihren Hoffnungen und Träume auseinander setzen und aktiv einen kleinen Schritt nach dem anderen ausführen, um alle Hindernisse zu überwinden auf dem Weg zu jenem Leben, das sie leben wollen und zu leben verdienen.

Destruktive Kritik oder eine laienhafte (Psycho-)Analyse der Unzulänglichkeiten anderer Gruppenmitglieder haben in einer Kleine-Schritte-Unterstützungsgruppe nichts verloren. Alle Informationen, die ein Mitglied während einer Gruppesitzung preisgibt, müssen vertraulich behandelt werden und sollten ohne ausdrückliches Einverständnis der Betreffenden nicht außerhalb der Gruppe verbreitet werden. Die einzige Ausnahme ist eine Situation, in der Gefahr für Leib und Leben eines Gruppenmitglieds besteht.

Die Arbeit in einer Kleine-Schritte-Unterstützungsgruppe

Zu Beginn der ersten Gruppensitzung stellt sich jedes Mitglied vor und beantwortet einige Fragen.

> **Möglichkeiten**
> - Was versprichst du dir von deiner Teilnahme an dieser Gruppe?
> - Bei welchen Zielen, Hoffnungen und Träumen wünschst du dir Unterstützung und Ermutigung durch die anderen Gruppenmitglieder?
> - An welchem deiner Ziele möchtest du gern zuerst arbeiten?

Ob eine Kleine-Schritte-Unterstützungsgruppe beschließt, sich nur ein paar Wochen lang zu treffen, oder ob sie sich zu einer fortlaufenden Gruppe entwickelt, die viele Monate oder sogar Jahre lang bestehen bleibt, die grundlegenden Gruppenfragen sorgen dafür, dass die Sitzungen fokussiert bleiben und die Entwicklung und Fortschritte aller Teilnehmer gewürdigt und unterstützt werden.

In den auf das erste Gruppentreffen folgenden Treffen werden die grundlegenden Gruppenfragen erneut gestellt und von allen beantwortet, und es wird jeweils an einer der am Schluss dieses Kapitels aufgelisteten Übungen gearbeitet. Beispielsweise kann eine 90 Minuten dauernde Gruppensitzung je nach Gruppengröße in zwei Hälften von jeweils 40 Minuten mit einer Pause von zehn Minuten Dauer aufgeteilt werden. Die erste Hälfte der Sitzung könnte dann auf die Beantwortung der Grundfragen verwendet werden, die zweite Hälfte auf die Ausführung der ausgewählten Übung und auf die anschließende Diskussion darüber. Wenn die Gruppe sich eine Übung vornimmt, die mehr Zeit erfordert, kann die Gruppe beschließen, mit dieser Übung in der aktuellen Sitzung zu beginnen, sie zu Hause abzuschließen und in der folgenden Sitzung darüber zu sprechen.

Die wiederholte Diskussion über die grundlegenden Gruppenfragen in Kombination mit den Übungen erzeugt ein Klima der Sicherheit und des Vertrauens in der Gruppe, das es den Teilnehmern ermöglicht, sich mit den kleinen Schritten zu identifizieren, die sie zur Verwirklichung ihrer Hoffnungen und Träume führen werden.

Wie man die Gruppenarbeit beendet

Rückt die letzte Zusammenkunft einer Kleine-Schritte-Unterstützungsgruppe näher, können Sie die Gruppenmitglieder bitten, sich Gedanken darüber zu machen, was die Gruppe für sie bedeutet hat und was sie von anderen Gruppenmitgliedern gelernt haben, und miteinander darüber zu reden. Der Regentag-Brief der letzten Gruppenübung kann herangezogen werden, wenn eine Gruppe aufgelöst wird oder ein Gruppenmitglied die Gruppe verlässt.

> **Grundlegende Gruppenfragen**
> 1. Welche Aspekte deines Ziels sind seit der letzten Gruppensitzung gleich geblieben, welche haben sich verschlechtert und welche haben sich verbessert?
> 2. Wie ist es zu den Verbesserungen gekommen?
> 3. Wie könntest du erreichen, dass die Verbesserung anhält oder sogar häufiger Verbesserungen eintreten?
>
> Wenn ein Gruppenmitglied berichtet, dass sich bei ihm nichts gebessert hat und dass es entmutigt oder verärgert ist, bitten Sie es, die nächsten drei Fragen zu beantworten:
> 4. Empfindest du das Ziel, an dessen Verwirklichung du arbeitest, als zu hoch gesteckt? Wenn ja, dann fahre mit Frage 5 fort. Wenn nicht, übergehe Frage 5.
> 5. Auf einer Skala von 1 bis 10 bedeutet 10, dass du dein Ziel erreicht hast, und 1, dass du noch nicht einmal darüber nachgedacht hast, worin dein Ziel bestehen könnte: Wo auf dieser Skala befindest du dich jetzt? Wodurch würde der Punktwert um eine Einheit steigen? Gibt es etwas, das du ausprobieren möchtest? Falls nicht oder wenn du dir unsicher bist, fahre mit den folgenden Fragen fort.
> 6. Wieso hat sich die Situation nicht noch weiter verschlimmert? Welche nützlichen Dinge hast du oder haben andere getan, durch die eine Verschlimmerung der Situation verhindert wurde?
> 7. Hat es für dich einen Vorteil, und sei es auch nur einen kleinen, dass deine Situation nicht besser wird? Wenn ja, wie könn-

> test du es dann schaffen, dir etwas von diesem Vorteil zu erhalten und gleichzeitig doch eine Verbesserung der Situation zu erreichen?

Wenn ein Gruppenmitglied nach der Beantwortung der obigen Fragen immer noch das Gefühl hat, sich in einer Sackgasse zu befinden, oder wenn es sich immer noch mutlos fühlt, kann eventuell die Wunderfrage helfen (siehe S. 111).

In jedem Fall ist es wichtig, dass die obigen Fragen positiv gestellt und aufgenommen werden, dass darin keine Kritik zum Ausdruck kommt, sondern Respekt und dass sie auf dem aufrichtigen Wunsch basieren, sich selbst und den anderen Gruppenmitgliedern zu helfen. Wenn jemand Schwierigkeiten hat, darauf zu antworten, kann der Betreffende die Gruppe um Unterstützung bitten oder sich die Wunderfrage beantworten.

> **Übungen, die sich für Gruppen eignen**
>
> 1. Die Wunderfrage (S. 111)
> 2. Eine Botschaft von einem Schutzengel (S. 32)
> 3. Ein Brief aus der Zukunft (S. 96)
> 4. Ein Symbol entwickeln, um sich zu zentrieren (S. 86)
> 5. Die Collage des Herzenswunsches (S. 100)
> 6. Die letzten 15 Minuten der Welt (S. 34)
> 7. Einen neuen Einfluss in Ihrem Leben schaffen (S. 104)
> 8. Ein Baum, der mit Ihnen spricht (S. 41)
> 9. Ein Zeitstrahl (S. 37)
> 10. Ein Wappen (S. 38)
> 11. Brief für Regentage (S. 204)
> 12. Ein Tiersymbol (S. 40)
> 13. Wohlstand muss nicht teuer sein (S. 71)
> 14. Wer sind Sie abgesehen von Ihren »Pflichten«? (S. 147)
> 15. Ein Symbol für die Zeit, die Ihnen noch bleibt (S. 126)
> 16. Das Sterben »üben« (S. 125)
> 17. Negative Botschaften umschreiben (S. 174)

Brief für Regentage von der Gruppe

Wenn ein Gruppenmitglied eine Gruppe verlässt, kann die Gruppe ihm nach der letzten Sitzung einen »Brief für Regentage von der Gruppe« mitgeben.

Ein kleiner Schritt

Die Person, die die Gruppe verlässt, beginnt einen an sie selbst adressierten Brief mit »Liebe(r) [Name]«. Dann gibt sie diesen Brief einem anderen Gruppenmitglied, das ihn wiederum später im Kreis weiterreicht. Alle Gruppenmitglieder schreiben tröstliche und bestärkende Botschaften für das ausscheidende Mitglied in den Brief. Dieses kann den Brief dann später zu Hause lesen, um sich die Unterstützung und Bestärkung vor Augen zu halten, die die Gruppe ihm mit auf den Weg gegeben hat.

Wenn eine Gruppe ihre Arbeit beendet, können aber auch alle Mitglieder aus der letzten gemeinsamen Sitzung einen Brief für Regentage mitnehmen. Jedes Gruppenmitglied beginnt einen an sich selbst adressierten Brief mit »Liebe(r) [Name]«. Alle Briefe werden im Kreis herumgegeben, und jedes Gruppenmitglied schreibt Worte des Trostes und der Bestärkung an den jeweiligen Adressaten. Später können dann alle Gruppenmitglieder ihren Brief zu Hause lesen, um sich die Unterstützung und Bestärkung vor Augen zu halten, die die Gruppe ihnen mit auf den Weg gegeben hat.

Empfohlene Literatur

Bell-Gadsby, C. a. A. Siegenberg (1996): Reclaiming Herstory. Ericksonian Solution-Focused Therapy for Sexual Abuse. New York (Brunner/Mazel).
Bender, S. (1995): Everyday Sacred. A Woman's Journey Home. New York (HarperCollins).
Breathnach, S. B. (1997): Einfachheit und Fülle. 365 Schritte zum vollkommenen Leben. München (Goldmann).
Bristol, C. (1989): Entdecke Deine mentalen Kräfte. Wirksame Techniken, um Ziele zu erreichen. München (Erd).
Cameron, J. (1996): Der Weg des Künstlers. Ein spiritueller Pfad zur Aktivierung unserer Kreativität. München (Droemer Knaur).
Castaneda, C. (2007): Die Lehren des Don Juan. Ein Yaqui-Weg des Wissens. Frankfurt am Main (Fischer).
Csikszentmihalyi, M. (2008): Flow. Das Geheimnis des Glücks. Stuttgart (Klett-Cotta).
De Shazer, S. (1997): Muster familientherapeutischer Kurzzeit-Therapie. Paderborn (Junfermann).
Estés, C. P. (2004): Die Wolfsfrau. Die Kraft der weiblichen Urinstinkte. München (Heyne).
Haley, J. (1996): Typisch Erickson. Muster seiner Arbeit. Paderborn (Junfermann).
Jung, C. G. (1965): Erinnerungen, Träume, Gedanken. Olten (Walter).
Louden, J. (2001): Tu dir gut! Das Wohlfühlbuch für Frauen. Freiburg im Breisgau (Bauer).
Metzger, D. (1992): Writing for Your Life. New York (HarperCollins).
Mills, J. C. u. R. J. Crowley (2006): Therapeutische Metaphern für Kinder und das Kind in uns. Heidelberg (Carl-Auer).
Mitchell, S. (1993): The Gospel According to Jesus. A New Translation Guide to His Essential Teachings for Believers and Unbelievers. New York (HarperCollins).
O'Hanlon, B. a. M. Weiner-Davis (1989): In Search of Solutions. New York (Norton).
Rechtschaffen, S. (2001): Zeit zum Leben – den Augenblick genießen. So verändern Sie Ihr Verhältnis zur Zeit und finden mehr Erfüllung. München (Goldmann).
Rossi, E. (2007): 20 Minuten Pause. Wie Sie seelischen und körperlichen Zusammenbruch verhindern können. Paderborn (Junfermann).
Sarton, M. (1973): Journal of a Solitude. New York (Norton).

Schnarch, D. (2007): Die Psychologie sexueller Leidenschaft. Stuttgart (Klett-Cotta).

St. James, E. (1997): In sich ruhen. 100 Schritte, inneren Frieden zu finden. München (Goldmann).

Too, L. (1997): Das große Buch des Feng Shui. Die chinesische Kunst der Energie-Optimierung für Erfolg, Gesundheit und ein erfolgreiches Leben. München (Delphi bei Droemer Knaur).

Weiner-Davis, M. (1997): Das Scheidungs-Vermeidungs-Programm. München (Goldmann).

Wolinsky, S. (1997): Das Tao der Meditation. Praktische Methoden der Selbsterkenntnis. Freiburg im Breisgau (Lüchow).

Über die Autorin

Yvonne Dolan, M. A., ist seit über zwei Jahrzehnten Psychotherapeutin. Sie arbeitete Anfang der 1980er-Jahre zunächst in New Orleans mit traumatisierten Patienten in einem Asyl für jugendliche Ausreißer und hat sich seither darauf spezialisiert, Menschen zu helfen, die Spätfolgen von Missbrauch, Misshandlungen und anderen traumatischen Erlebnissen zu überwinden.

Neben der Arbeit in ihrer Privatpraxis leitet Yvonne Dolan Ausbildungsseminare in lösungsfokussierter Therapie und in Erickson'scher Hypnose in den USA, Kanada, Europa, Australien, Japan, Korea und Südamerika. Sie führt auch Workshops für Laien durch. Yvonne Dolan hat mehrere Bücher veröffentlicht, darunter: *Mehr als ein Wunder. Lösungsfokussierte Kurztherapie heute* (2008, zusammen mit Steve de Shazer).

Die Autorin lebt mit ihrem Mann, Charlie Johnson, im Vorgebirge der Rocky Mountains in Colorado, wo sie ihren Garten gegen eine große Herde wild lebender Elche und eine Gruppe kleiner, aber ungeheuer gefräßiger Kaninchen zu verteidigen versucht.

Bill O'Hanlon
Probiers mal anders!
Zehn Strategien, die Ihr Leben verändern

197 Seiten, Kt, 2007
ISBN 978-3-89670-578-5

„Es ist unsinnig, immer wieder dasselbe zu tun und trotzdem unterschiedliche Ergebnisse zu erwarten." Wer mit hartnäckigen Problemen kämpft, weiß das im Prinzip, findet aber oft keine Alternative.

Der Paar- und Familientherapeut Bill O'Hanlon zeigt in diesem Buch an vielen Beispielen, dass oft schon kleine Veränderungen in der Sichtweise oder im Verhalten den Weg zur Lösung weisen: „Das wichtigste Prinzip ist sehr pragmatisch: Wenn das, was Sie tun, nicht funktioniert, tun Sie etwas anderes!"

„O'Hanlon weiß, dass das Leben viel komplexer ist, als das klügste Buch vermitteln kann' und dass seine zehn Strategien nicht zu jedem Menschen passen. Doch er traut sich – und das macht das Buch so lesenswert – die Menschen aufzurufen, an ihre Selbstheilungskräfte zu glauben. Das hat nichts mit positivem Denken zu tun, sondern mit Liebe, Respekt und Wertschätzung." Psychologie Heute

„Wer mit seinen alltäglichen Problemen in eine Sackgasse geraten ist, der ist mit diesem Selbsthilfebuch sehr gut beraten." getAbstract

Carl-Auer Verlag – www.carl-auer.de

Matthias Lauterbach | Susanne Hilbig

So bleibe ich gesund

Was Sie für Ihre Gesundheit, Lebensenergie
und Lebensbalacne tun können

233 Seiten, Kt, 2. Aufl. 2008
ISBN 978-3-89670-562-4

Machen Sie Schluss mit Strohfeuern und Jo-Jo-Effekt! Mit diesem Buch schaffen Sie es! Das abwechslungsreiche Programm führt Sie in 10 Etappen durch die relevanten Gesundheitsthemen Bewegung, Ernährung, Entspannung, Schlaf, Stressbewältigung und Lebensbalance. Die hilfreichen Fragebögen zur Selbsteinschätzung, Übungen und Anleitungen sind klar strukturiert, bleiben aber immer flexibel für individuelle Bedürfnisse.

So hilft Ihnen das Buch, am Ende wirklich dort anzukommen, wo Sie hin wollen: in Ihrem ganz persönlich geprägten Lebensstil, mit mehr Gesundheit, Lebensenergie und Lebensfreude, die auch anhalten.

„Dieses Buch stellt genau die richtigen Fragen. Ärzte fragen sich traditionell, wie Menschen krank werden. Das ist ja auch wichtig zu verstehen. Aber spannender ist doch die Frage, warum manche Leute nicht krank werden (obwohl sie es vielleicht auch verdient hätten). Das Buch arbeitet sehr geschickt mit allen modernen psychologischen Ansätzen zur Motivation und Reflexion. Es packt den inneren Schweinehund an seiner empfindlichsten Stelle. Ich wünsche dem Buch viele Leser, und vor allen Dingen Anwender. Denn auch ein Selbsthilfebuch hilft nicht von selbst. Es gibt nichts Gutes, außer man tut es." Dr. Eckart v. Hirschhausen
Arzt, Humortrainer, Kabarettist

Carl-Auer Verlag – www.carl-auer.de

Manfred Lütz

Das Leben kann so leicht sein
Lustvoll genießen statt zwanghaft gesund

139 Seiten, Kt, 2007
ISBN 978-3-89670-605-8

Wer heute glücklich und gesund sein will, nimmt einiges auf sich. Man isst kalorien- und cholesterinbewusst, quält sich im Fitness-Studio und geht zum Psychotherapeuten. Glück und Gesundheit sind zur Ersatzreligion geworden, zum Heil, das es hier und heute uneingeschränkt zu erreichen gilt.
   Manfred Lütz deckt die Vergeblichkeit dieses Strebens auf. Pointiert, humorvoll und bisweilen ketzerisch geht er ins Gericht mit Gesundheitsaposteln und Fitnesspäpsten, Talkshowtherapeuten und Hobbyanalytikern. Utopischen Glückserwartungen stellt der Autor ein realistisches und umso befriedigenderes Motto gegenüber: Gesund ist, wer mit seinen Einschränkungen glücklich leben kann. Lütz lenkt den Blick auf die Wegbereiter für Lebenslust: Genuss ohne Reue, zwecklose Muße und bewusste Hingabe an den unwiederholbaren Augenblick.
   Das Buch zielt auf eine Haltung der gelassenen Zustimmung zur Welt, eine „Lebenskunst", die auch unter widrigen Umständen die Lust am Leben erhält.

„Manfred Lütz ist ein Phänomen! Ein Seelenkenner vor dem Herrn, Theologe und Psychiater, ein Prediger, gefangen im Körper eines Chefarztes. Gefangen? Befreiend ist sein Blick auf die verrückte Welt, seine Diagnosen zum Gesundheitswahn sind humorvoll, originell und tiefgründig zugleich!" Dr. Eckart v. Hirschhausen
Arzt, Humortrainer, Kabarettist

Carl-Auer Verlag – www.carl-auer.de